大夏书系·语文之道

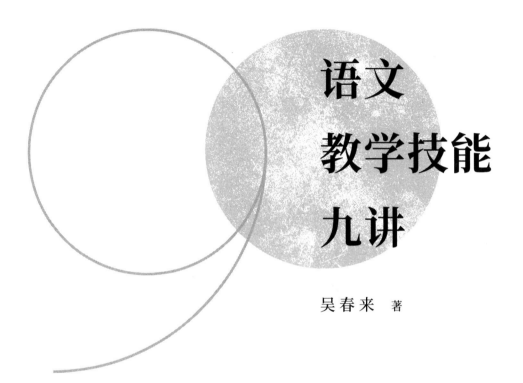

语文
教学技能
九讲

吴春来 著

华东师范大学出版社
ECNUP
全国百佳图书出版单位

图书在版编目（CIP）数据

语文教学技能九讲/吴春来著．—上海：华东师范大学出版社，2020
 ISBN 978-7-5760-0638-4

Ⅰ.①语… Ⅱ.①吴… Ⅲ.①语文教学—教学研究 Ⅳ.① H193

中国版本图书馆 CIP 数据核字（2020）第 119445 号

大夏书系·语文之道
语文教学技能九讲

著　　者	吴春来
策划编辑	卢凤保
责任编辑	张思扬
责任校对	殷艳红　杨　坤
封面设计	淡晓库

出版发行	华东师范大学出版社
社　　址	上海市中山北路 3663 号　邮编　200062
网　　址	www.ecnupress.com.cn
电　　话	021 - 60821666　行政传真　021 - 62572105
客服电话	021 - 62865537
邮购电话	021 - 62869887　地址　上海市中山北路 3663 号华东师范大学校内先锋路口
网　　店	http://hdsdcbs.tmall.com
印 刷 者	北京季蜂印刷有限公司
开　　本	700×1000　16 开
插　　页	1
印　　张	15
字　　数	199 千字
版　　次	2020 年 8 月第一版
印　　次	2022 年 9 月第二次
印　　数	6 101—8 100
书　　号	ISBN 978 - 7 - 5760 - 0638 - 4
定　　价	49.80 元
出 版 人	王　焰

（如发现本版图书有印订质量问题，请寄回本社市场部调换或电话 021-62865537 联系）

目　录
CONTENTS

序 / 1

第一讲　教学导入
第一节　"再现式"导入 / 5
第二节　"表现式"导入 / 10

第二讲　教学视角
第一节　教学误区 / 18
第二节　发现语文 / 23
第三节　发现学情 / 35
第四节　真教语文 / 39

第三讲　教学关系
第一节　教的"五性"/ 51
第二节　学的"八有"/ 67

第四讲 — 教学磁场

第一节　主问题——师生在场 / 86

第二节　主活动——展开实践 / 92

第三节　多提问——开放空间 / 95

第四节　四元素——促成和谐 / 100

第五讲 — 教学机智

第一节　教学行为机智 / 112

第二节　教学内容机智 / 117

第六讲 — 教学板书

第一节　思路呈现式板书 / 132

第二节　主题呈现式板书 / 136

第七讲 —— 教学气质

第一节　教师教的气质 / 142
第二节　学生学的气质 / 147

第八讲 —— 教学体系

第一节　坚持阅读主体 / 154
第二节　坚持口才训练 / 159
第三节　坚持周记教学 / 167

第九讲 —— 教学作品

第一节　《火烧云》教学 / 186
第二节　《天上的街市》教学 / 198
第三节　《"水"的联想》教学 / 211

主要参考文献 / 225
后　记 / 227

序

2013年春，春来出版《十年非常语文梦：孤舟话语》邀我作序，我在序言的结尾写道："仅仅十年的从教阅历，竟然积淀下这洋洋20万言的著述，实在值得称道。再过十年呢？春来对语文教育的追问给我们留下了诸多期待。"该书入选《中国教育报》"2013年度印象深刻的书"。2018年春，春来出版新作《发现语文》，入选中国教育新闻网"2018年度影响教师的100本书"。2020年春，春来的《语文教学技能九讲》定稿，又邀我作序。春来也，喜出望外。

"问渠那得清如许？为有源头活水来。"春来先后任重点中学教师和市教研员，兼任高校"语文教学论"课程教师，其间又到乡村学校任"第一校长"。多样的角色和长期的历练，使他掌握了纯熟的教学技能，积累了丰富的教学经验，对教学实践有了冷静的观察与深刻的思考，这让他成为语文教学的发现者、研究者、探索者。

粗读书稿,印象如下:

丰富而鲜活的课例凸显了教学技能的实用特征。所有章节均通过课例分析来说明"应该怎样教","为什么这样教"。既有名师的课例,也有作者的课例;既有自己的成功经验,也有自我反思与省察。作者的课例尤为可贵,它是作者亲历的教学实践,融入了作者的教学体验,这使得该书对教学技能的阐释真切可感。对于读者而言,这无疑是一种暗示:"纸上得来终觉浅,绝知此事要躬行。"

对教学现状的审视与思考切中时弊。作者身为教研员,进行了大量的课堂教学观察,引发出关于语文教学的深刻思考,身临其境,有感而发。例如对当下语文教学一些时髦做法的批评:把语文课上成历史课、表演课、思品课、美术课……不一而足,正所谓"耕了他人田,荒了自家地"。身在其中者乐此不疲,冷眼旁观者为之侧目。作者逐一展示课例,进行剖析,提出了"发现语文""真教语文"的一系列对策,不乏真知灼见。

书中提到了两个重要概念——"教学磁场"和"教学作品",值得关注。"教学磁场",这一概念可以启发读者从教学场域的视角全方位思考教学现场。教学场域并非单指教学的物理环境,也包括师生关系、教学行为以及与此关联的诸多因素。不称"课堂教学实录",而称"教学作品",意在强调教学设计与生成的独创性或原创性。

该书名为《语文教学技能九讲》,它所进行的探讨超出了"教学技能"的范畴,这是显而易见的,或可引发对语文教学的多层面思考。例如第八讲"教学体系",作者建构并已经过实践检验的"一体两翼"语文教学体系,值得借鉴。

以上浅见愿与读者分享,聊以为序。

巧合，春来出版《十年非常语文梦：孤舟话语》时，我写序言于2013年的今天。

春，来也！2020年这个不寻常的春天，惊蛰到了，总该发生一些令人振作的事情！

王鹏伟
2020年3月5日惊蛰

（王鹏伟：吉林省教育学院二级教授，中国教育学会中学语文教学专业委员会副理事长）

第一讲

教学导入

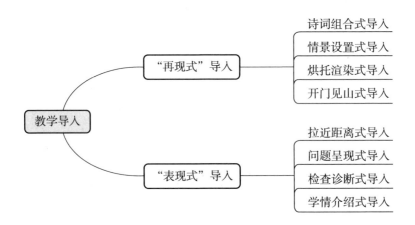

教学导入，是指课堂上，教师用适当的方法与手段开启学生学的教学行为，它或激起兴趣，或引发思考，或引人入胜，旨在有效刺激学生的感官，将学生引入一定的课堂教学情境，为学生的学铺路搭桥。心理学研究成果表明，学生对课堂的导入印象最为深刻，好的导入对学生具有巨大的凝聚力，为整节课的教学奠定一个良好的基础。

但在实际教学中，除上公开课精心设计导入外，很多教师并没有真正重视导入的作用。有的过于随意，显得不认真；有的虽然精心设计了，但太过矫情，华而不实。

本讲介绍"再现式"与"表现式"两类导入，供大家学习借鉴。

文学观念上有再现与表现之说。语文教学导入，亦然。

文学的再现说，认为作品是对世界的模仿或再现。如古希腊时期的伟大思想家赫拉克利特就提出了"艺术模仿自然说"的观点，中国古代的"度物象而取其真"亦属于再现说的范畴。在语文教学中，"再现式"导入旨在再现文本情境或者营造与文本类似的情境以吸引学生，开启教学。它侧重于学生对文本的相对陌生化状态，教师以再现的方式为学生展现文本的冰山一角，以促成学生与文本的对话。

文学的表现说，认为作品是作家情感的自然流露，文学特别是诗是作家、诗人思想感情的流露、倾吐和表现，而形象是诗人心灵的特征。西方的真正的表现说产生于19世纪初兴起的欧洲浪漫主义文学思潮，中国的"诗言志"和"诗缘情"的文学观念大抵属于发现说范畴。语文教学导入的"表现式"导入，侧重指在学生已了解文本，甚至有些已熟知文本，与文本有了深入对话的情况下，教师针对学生的种种已然表现而开启的教学行为。

"再现式"导入，强调学生的未然状态，通过渲染烘托，再现文本；"表现式"导入，针对学生的已然感受，通过学生的表现，再识文本。

蒙台梭利说："对于决心从事教育事业的人来说，对人类的兴趣应当具有观察者和观察对象紧密相连的特性，而动物学家和植物学家同自然不具有这种密切关系；这种关系越密切，必然更美妙。"中国古代文论讲"侔色揣称"，语文课堂对于观察与发现，何尝不是如此呢？无论是"再现式"还是"表现式"导入，都需要教师去观察，最后有所发现；时常留心观察，发现无处不在。

第一节 "再现式"导入

一、诗词组合式导入

诗词组合式导入即用诗（词）句叠用的方式导入，再现与文本相吻合的浓浓的诗意情景，唤起学生的学习兴趣；同时也可调动他们的学习热情，使之回顾先前的知识，更好地融入课堂。这样的导入为切合课堂的教学主题作好了铺垫。

如严华银老师执教的《黄鹂》是这样导入的：

出示关于"黄鹂"的古诗词。学生默读以后齐声读：
留连戏蝶时时舞，自在娇莺恰恰啼。（杜甫）
两个黄鹂鸣翠柳，一行白鹭上青天。（杜甫）
几处早莺争暖树，谁家新燕啄春泥。（白居易）
千里莺啼绿映红，水村山郭酒旗风。（杜牧）
独怜幽草涧边生，上有黄鹂深树鸣。（韦应物）
池上碧苔三四点，叶底黄鹂一两声，日长飞絮轻。（晏殊）
徐行不记山深浅，一路莺啼送到家。（杨基《天平山中》）

投影：现代诗人徐志摩也写有《黄鹂》一诗。很显然，形态清丽、叫声婉转的黄鹂很受诗词大家的青睐，它几乎约定俗成为美好事物的象征。那么黄鹂在当代著名小说家、散文家孙犁先生的笔下，又是怎样的呢？

严老师导入新课紧扣课题"黄鹂"，由古至今，由诗及文，层层铺垫，把学生思维引入文本，可谓巧妙。诗词组合式导入，有铺陈气氛、再现诗意场景之效；使师生沉浸在美的氛围里，享受着这份艺术的美好。诗词组合式导入切忌冗长，不可喧宾夺主，它只是一个引子而已。

二、情景设置式导入

情景设置式导入即设置一种情景，让学生设身处地思考、分析并解决问题。情景设置式导入重在巧妙设置情景，旨在以旧知唤新知，给学生提供一种知识、文化等方面的认同感，从而让学生带着思考进入文本。

李吉林老师执教《桂林山水》时，是这样导入的：

如果有人来到我们家乡南通，问我们南通有哪些风景优美的地方，你准备怎么介绍？（对祖国的热爱应从家乡的一山一水、一草一木开始）

美丽的家乡仅是我们祖国秀丽河山的一角。在祖国的大地上有许多名山大川。（板书：名山大川）

你们去过哪些名山大川？没去过听说过的也行。（从家乡的山水想到祖国的名山大川，逐一拓展）

你们听说过桂林吗？（指地图）桂林在广西壮族自治区。你们有人去过吗？桂林山水比起你们刚才说的这些名山大川来更有一番独特的美，所以人们都说"桂林山水甲天下"。"甲"是什么意思？（板书：甲）甲是第一位的，超过其他的。桂林山水天下第一。

（描述、带入情境）

1. 桂林山水这么美，你们想去游览一番吗？那现在就让我们做一次假想旅行。

我们坐上飞机，很快就到了桂林，呈现在我们眼前的山光水色，就像一幅美丽的图画，你们看——

2. 出示图画（插图）。

3. 现在老师给你们做导游，来介绍桂林山水。

李老师由介绍南通导入课堂，其实就是要唤起学生的一种旧知——介绍一座城市可以介绍它的一山一水、一草一木，从而唤起学生的认同感，为如何介绍桂林作了铺垫，这不仅是一种语言表达能力的迁移，也是语文素养的再提升。那么怎样介绍桂林呢？介绍桂林的什么呢？李老师设置了一个情景：我是导游，听我如何来介绍桂林山水。学生兴致盎然地阅读文本，并认真聆听老师的介绍，沉浸在图画里。情景设置步步为营，层层推进，由介绍南通的山山水水来让游客了解南通，以此引发学生的类比思考——了解桂林也可以从欣赏山水开始，最后驰骋想象，走进桂林山水。

情景设置也可通过学生表演的方式来导入，学生表演不仅可以让亲身参与的学生产生真实的感受，也可以通过形象的再现感染观看的学生。这样的导入在小学学段比较常用。

三、烘托渲染式导入

导入也是语言的艺术，用诗意的语言渲染氛围烘托人物，是一种艺术化的导入（开场），学生会沉浸其中，深深被感染，享受美的熏陶。这样的渲染会引起学生强烈的情感共鸣，使学生情不自禁地进入文本。

韩军老师在执教《登高》时，是这样导入的：

师：1200多年前，一个秋天，九月初九重阳节前后。夔州，长江边。大风凛冽地吹，吹得江边万木凋零。树叶在天空中飘飘洒洒。漫山遍地满是衰败、枯黄的树叶。江水滚滚翻腾，急剧地向前冲击。凄冷的风中，有几只孤鸟在盘旋。远处还不时传来几声猿的哀鸣。——这时，一位老人朝山上走来。他衣衫褴褛，老眼浑浊，蓬头垢面。老人步履蹒跚，跌跌撞撞。他已经满身疾病，有肺病、疟疾、风痹，而且已经"右臂偏枯耳半聋"。重阳节，是登高祈求长寿的节日。可是，这位老人，一生坎坷，穷愁潦倒，似乎已经走到了生命的冬季。而且，此时，国家正处在战乱之中，他远离家乡，一个人孤独地在外漂泊。面对万里江天，面对孤独的飞鸟，面对衰败的枯树，老人百感千愁涌上心头……

（放音乐《二泉映月》。老师在乐声中满怀深情地朗诵，课堂气氛凝重，有些学生流下泪来。）

师：这个老人是谁呀？

生：是杜甫。

生：（红着脸，噙着眼泪）老师，请您再朗诵一遍吧！（全体学生都应声附和）

韩老师用声音渲染感人的氛围，用语言再现一种悲凉的意境，一个饱经沧桑的杜甫向学生走来。学生沉浸在老师营造的浓郁抒情的课堂气场里不能自拔，仿佛杜甫就在眼前，仿佛自己就在诗里。学生们应声附和要求老师再朗诵一遍诗歌时，足见他们对此诗之爱、对老师导入之喜。

四、开门见山式导入

开门见山式导入即直截了当地告诉学生新授课文，这样的导入虽然看似直接、毫无再现感，但其实暗含玄机，因为开门见山背后，开启了学生的思维。

严华银老师执教《荷花淀》时，是这样导入的：

师：同学们好！今天我们学习《荷花淀》。作者，孙犁，自号"芸斋主人"，是著名的小说家、散文家，有作品集《白洋淀纪事》等。本文的体裁是什么？

生：（齐）小说。

师：不错，不知大家注意到了没有，编者却将它编入了散文单元。这表明这篇小说有着怎样的特点？

生：这篇小说的语言质朴清新。

生：我体会《荷花淀》不同于一般的小说，它有着诗情画意般的散文美。

开门见山的导入看似寻常，实则大有学问。"本文的体裁是什么"有种投石问路的意味。学生自然回答："小说。"

教师接着说："不错，不知大家注意到了没有，编者却将它编入了散文单元。这表明这篇小说有着怎样的特点？"

学生回答:"这篇小说的语言质朴清新。""我体会《荷花淀》不同于一般的小说,它有着诗情画意般的散文美。"

不难发现开门见山式的导入重在激活学生思维,引发学生探究的兴趣。好的开门见山式导入一定以设置思维碰撞点的方式开启课堂,让学生在探究中寻美、赏美。

第二节 "表现式"导入

一、拉近距离式导入

拉近距离式导入即通过大家熟悉的人（物）让学生产生一种熟悉感，以此拉近师生的距离，从而产生一种亲切感。拉近距离式导入要给学生一种可感的想象而非模糊的抽象，换言之，给学生介绍的一定是形象的物，而不是抽象的理。只有如此，才能顺利搭建师生沟通的桥梁。

窦桂梅老师执教《秋天的怀念》是这样导入的：

师：今天的课上，要为同学们带来什么礼物呢？我想起了我们学校的一位校友，他叫史铁生。这位在我们学校毕业的学生，今年已经54岁了，21岁的时候，突然的重病使他高位截瘫。几年之后，他的母亲也去世了。这么多年来，儿子一直用文字表达对母亲的感受。请同学们一起默读下面这段话，看你读到了什么。

（PPT出示："我坐在小公园安静的树林里，闭上眼睛，想，上帝为什么早早地召母亲回去呢？很久很久，迷迷糊糊的我听见了回答：她心里太苦了，上帝看她受不住，就召她回去了。"）

窦老师用校友"史铁生"这一著名作家来拉近学生与文本的距离，让学生产生一种熟悉而充满敬意之情。作者是校友，这位校友经历了人生的什么事情呢？这样的疑惑在学生心底泛起涟漪，引发学生迫不及待的探究欲，起到了很好的导入效果。

二、问题呈现式导入

问题呈现式导入即以学生的问题导入新课，这样的课堂导入由学生问题为开端将教学目标具体化，学生的学习更有针对性。不过，问题呈现式导入难就难在学生的问题收集与归类，但这样的导入规避了教学的盲目性。

钱梦龙老师执教《故乡》是这样导入的：

昨天，同学们书面提出了许多问题，都提得很好。有两位同学提了二十多个问题，又多又好。大家提的问题涉及课文的各个方面，我把它们分为七类。

（板书：1.一般疑问；2.回乡途中的"我"；3.闰土；4.杨二嫂；5.宏儿和水生；6.离乡途中的"我"；7.写景。）

大家提了这么多问题，第一步走得很好。那么第二步该怎么走呢？大家说说看。

学生问题很多，导入时不可能一一呈现，钱老师的高明在于善于遴选，将典型的问题呈现给学生，然后让学生去思考去探究。这样的导入很好地体现了"学生为主体，教师为主导"的教学理念。

三、检查诊断式导入

检查诊断式导入即用检测的方式诊断学生预习情况，根据实际情况适时调整教学内容。这样的导入是针对问题展开的导入，对教师的机智与教学功底要求相当高。这样的导入虽然质朴，但颇具实效；同时，也很好地表现出教学的真实状态。

胡明道老师执教《小麻雀》是这样导入的：

师：读过单元后的知识短文吗？现在我们进行两分钟抢答检测。请判断以下的正误。（出示小黑板正面，逐条宣读。）

生：第一条不对，讲顺序不一定只是按时间，还可按方位等。

生：就是以时间为序也还可倒叙、插叙。

生：第二条正确。

生：第三条正确。

生：第四条不对，结构完整并不一定要首尾呼应，不一定要篇末点题。

师：正确。这连同单元前的教学要求就是本单元我们要掌握的知识及能力点。

（出示小黑板反面，大声读单元要点。）

师：现在，我们就带着这个要求学习本单元的一篇讲读课文《小麻雀》（板书课题）。

　　检查诊断式导入通过检测诊断让学生更加明白学习目标与学习重点，做到心中有数。检查诊断，要求学生带着问题去学习，做到学有所指。丹纳说，艺术的目的就是要把这个特征表现得彰明较著。语文教学是一门艺术，检查诊断式导入就是艺术化地将教学的灌输转化为一种学习表现，起到教学加工的作用。语文教学也是一门科学，所以检查诊断式导入必须科学地对学生的表现进行诊断，以确保教学的严谨与有效性。

四、学情介绍式导入

　　学情是教学的逻辑起点，从学情出发，尊重学情，是取得教学成功的重要保障。学情介绍式导入，即充分了解学情后向学生提出新的要求的一种导入。它需要教师课前作学情调查，学情调查越详细越精准，导入才越有说服力与教育力。学情介绍式导入，往往采用谈话、聊天的方式介绍学生的情况，取得他们的认可，从而让他们自觉地投入到学习中来，更好地去表现。

　　有老师在执教《故乡》一课时，是这样导入的：

　　同学们，今天我们一起欣赏鲁迅的小说《故乡》。大家课前或者以前都曾经阅读过这一名篇，对之一定会有或多或少的感受，比如感情上的被打动，思想上的被影响，写法上的受教益。今天我们进一步地研究探讨，当会有更多更深的不同层面的收获。

尊重学生已经接触过《故乡》这一学习事实，在此基础上要求向文本深处漫溯。学情介绍式导入，有时难免是从局部的发现中得出的判断，课堂上必须辨别学情中最重要的特征，换言之，必须从动态的学情中去考察学生的真实学习情况。只有如此，学情介绍式导入才会更科学，更有针对性。

第二讲

教学视角

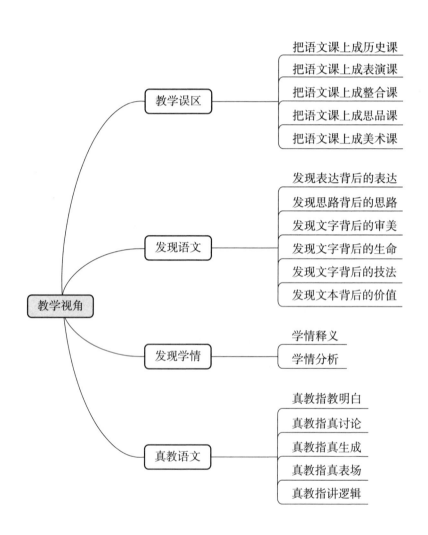

视角，本是物理学上的概念，是指视线与显示器等的垂直方向所成的角度，观察物体时，从物体两端引出的光线在人眼光心处所成的夹角，也引申为看问题的角度。教学视角，在这里用的引申义，侧重指看教什么与如何教的角度。

看问题的角度不一样，会导致教学评价不一样。一旦角度出了问题，语文教学内容与教学方法皆会问题百出。当下一些课堂，在教什么上背离了语文学科的正确方向，步入教学误区，导致学出了问题。现略举五种，简要阐述。

第一节　教学误区

一、把语文课上成历史课

请看某老师执教《项羽之死》的教学环节：

1. 课文《项羽之死》围绕项羽这一中心人物写了哪几件事？试根据课文的有关描写，说说项羽是怎样的一个人。
2. 分析悲剧的原因。
3. 项羽的悲剧给你怎样的人生启迪？

从教学环节上来看，教学思路极其简明，教学步骤也很清晰明朗，但审视该课的教学内容和教学现场时，问题就凸显出来了。

环节一，主要目的是让学生熟悉课文内容，走进项羽，质言之，课堂教学内容关注的是写了什么的问题。从教学现场来看，此环节大约用了15分钟的时间让学生来讨论，期间没有诵读、没有对文字的咀嚼，学生只是笼统地对项羽的形象进行了概述，此时学生的积极性并不高，学生有点被动应答。环节二、三，是听课老师最欣赏的环节，也是大家认为课堂气氛最活跃、最有人文气息的环节，教学内容关注的是项羽的死因和历史教训；从教学现场来看，这两部分是课堂教学的重点，期间老师旁征博引、引经据典，从杜牧、李清照等人的诗歌，太史公的相关观点来引导、启发学生，学生处于亢奋状态，讨论激烈，课堂异常热闹。

如果站在历史角度来学习这篇课文，我们自然要明确本文写了几件事，要分析项羽是什么样的一个人，即要弄清楚文章写了什么，还原历史人物。"以铜为镜，可以正衣冠；以史为镜，可以知兴替；以人为镜，可以明得失。"分析项羽悲剧的原因，从而吸取历史的教训，这正是历史课学习的内容。由此观之，本课的教学内容跟历史课的教学内容如出一辙，换言之，这位语文老师上了一节生动的历史课。

二、把语文课上成表演课

请看某老师执教《赠汪伦》的教学环节：

第一步：朗读诗歌《赠汪伦》。
第二步：观看课文情境的投影。
第三步：自主选择学习。
（1）凭想象分组表演多种赠别的情境；
（2）喜欢画画的同学画一幅赠别的画；
（3）喜欢音乐的小朋友到电脑前点击适合表现赠别的乐曲，并配乐朗读。
第四步：读两首赠别的诗。
第五步：学生总结收获，并唱一曲《朋友啊朋友》。

从这节课的教学环节不难看出：这样的课堂设计可以说是万能的设计。比方执教《忆江南》也可以这样设计：

第一步：朗读诗歌《忆江南》。
第二步：观看课文情境的投影。
第三步：自主选择学习。
（1）凭想象分组表演江南的情境；
（2）喜欢画画的同学画一幅江南的画；
（3）喜欢音乐的小朋友到电脑前点击适合表现江南的乐曲，并配乐朗读。
第四步：读两首有关江南的诗。
第五步：学生总结收获，并唱一曲《江南水乡》。

这样的课，除了热热闹闹，语文本体内容所剩无几；但不否定孩子的喜欢程度，因为有表演，有歌唱。如果我们的语文课堂成为了娱乐表演的课堂，语文老师的专业素养体现在哪里？语文学科的性质体现在哪里？学生涵泳文字的功夫体现在哪里？归根结底是教师对语文学科的认识出了问题。

三、把语文课上成整合课

请看某老师执教的《纪念白求恩》的教学环节：

1. 感受毛泽东笔下的白求恩。
2. 你看到怎样的一个白求恩？
3. 如果此刻你站在白求恩的墓碑前，你想对他说什么？
4. 你对毛泽东笔下这个人有何疑惑吗？
5. 根据你整合的资料介绍白求恩。

这是一节罔顾文本，任意整合教学内容，把语文上成资料整合课的典型非语文课。而这样的课，表面上给人以"真语文"的假象：内容上丰富学生知识，教学行为上突出学生主体地位，甚至还能激发学生搜集资源的兴趣。而这些恰恰是远离文本，脱离作者创作意图随意整合带来的负面效应。试想如果整合教学内容时不是从文本的主题出发，而是根据执教者的喜好任意选择整合的角度，那么我们的语文课堂会变成什么样的课堂呢？

如果上《记念刘和珍君》，是否可以把杨荫榆的生平整合成课堂内容，还原一个真实的鲜为人知的爱国人士——杨荫榆女士呢？或者还原一个也想恋爱也很温情的刘和珍？如果上《项脊轩志》，是否可以搜集整理归有光母亲的生平事迹，告诉学生一个另类的归母呢？如果上《孔雀东南飞》，是否可以整合各种资料来探讨"恋子情结"呢？

如此一来，课堂教学内容整合的逻辑起点在哪呢？语文课堂教学内容的基本逻辑在哪呢？

四、把语文课上成思品课

请看某老师执教的《圆明园的毁灭》的教学环节：

1. 学生思考圆明园是怎样的一座园子。
2. 学生谈圆明园被毁灭的原因。
3. 对英法联军你想说些什么？
4. 学生说如何爱国。

这节课，可以说是一节让学生畅所欲言、怒火中烧的语文课，听课老师对之啧啧称叹，他们为老师超强的课堂驾驭能力感动，为学生纷纷发言的课堂效果感动。然而，这样的课，细细想来，还是语文课吗？王尚文先生在《紧紧抓住"语文"的缰绳》中指出，对一个具有高度"语文意识"的教师来说，教授一篇课文，就不仅要使学生搞清楚课文写了什么，而且要搞清楚它是怎么写的、为什么要这么写、这么写有什么好处。圆明园是美丽的，那么我们是不是要引导学生思考"作者是如何来写圆明园之美的"？是不是要思考"为何要把圆明园写得如此之美"？……而执教者，过于侧重思想政治教育而忽略了语文最基本的要素：语言文字的运用。语文教学视角，同样出了问题。

五、把语文课上成美术课

请看某老师执教的《花钟》的教学环节：

1. 请学生找出文中各种花开的时间。
2. 老师用多媒体展示文中各种花的图片。
3. 请三位学生画钟表标出时间，看谁画得好，画得快。

《花钟》一课，教学环节十分简单，学生主体地位也得以体现，但整节课给人的印象就是画画。通过画画，学生可以更好地走进文本、了解文本，这本无可厚非。可是画画背后更深的原因是什么呢？如果视角只停留在画画这个点上，毋庸置疑，这样的视角一定不是语文的视角。

不妨看看《花钟》一文最核心的段落。

凌晨四点，牵牛花吹起了紫色的小喇叭；五点左右，艳丽的蔷薇绽开了笑脸；七点，睡莲从梦中醒来；中午十二点左右，午时花开花了；下午三点，万寿菊欣然怒放；傍晚六点，烟草花在暮色中苏醒；月光花在七点左右舒展开自己的花瓣；夜来香在晚上八点开花；昙花却在九点左右含笑一现……

其实，语文课需要老师在课堂上引领学生去学习语言的表达。学生写作文时写花开了，一般只会写"花开了"或者"花怒放了"。我们不妨读读作者是如何写"花开了"的：牵牛花"吹起"小喇叭，蔷薇"绽开"笑脸，睡莲"从梦中醒来"……作者简直把"花开"写活了。这便是文字的艺术魅力，或拟人，或比喻，描摹十分形象生动。但这位老师忽略了这一点，仅抓住时间词来引导学生了解花开的不同时间，本末倒置了。语文课堂应该始终立足于语言文字，带领学生在语言的海洋里遨游，去发现语文表达的美。

以上列举的是语文教学中常见的问题，但偏偏又是没有得到解决的问题。语文课离开对教学内容的思考，换言之，离开对语文本体内容的思考，语文归来之路仍遥遥无期。

第二节　发现语文

针对种种教学误区，我们不得不重新审视语文这门课程。

何谓语文呢？

王尚文说，"语文"作为基础教育中的一门课程，从独立设科至今已经存在一百多年了，"语文是什么"之所以仍成为问题，并且是一个"大成问题的问题"，并非由于它没有答案；恰恰相反，可谓"众说纷纭，莫衷一是"。每个老师对语文的理解差异自然会生发语文课堂的差异。换言之，对语文有怎样的视角理解就有怎样的语文课堂。比方说当下语文界涌现出来的各种教学流派：窦桂梅的主题教学，孙双金的情智语文，黄厚江的本色语文，程少堂的语文味，董一菲、王崧舟的诗意语文，赵谦翔的绿色语文，熊芳芳的生命语文（我也曾提出过"语文的生命观"，践行生命的语文课堂）等等，他们的课堂著上强烈的个人色彩，这样的色彩其实也是对语文理解的色彩。在一定程度上讲，由于视角的多重性，语文教学趋向于百家争鸣、百花齐放的多元性；但不得不指出，视角的偏差，导致语文教学陷于一种模糊不清、任意盲目、耕了他人田荒了自家地的尴尬局面。

我们在此不对"语文"下一定义，但根据课程标准"语文课程是一门学习语言文字运用的综合性、实践性课程"这一特点，不难发现：学习语言文字运用乃语文本体内容。不管当下对语文的理解有何不同，坚守"学习语言文字运用"这一条底线不能动摇，语文老师应教学生抓住"学习语言文字运用"这根缰绳不能放手。

歌德说："内容人人看得见，涵义只有有心人得之，而形式对于大多数人是一个秘密。"

细细品读歌德这句话，我非常赞同王崧舟的观点：

"内容"——"人人看得见",不稀奇;"涵义"——"有心人得之",范围在缩小;而"形式"对大多数人来说是"秘密",也就意味着大多数人是看不见的。为什么看不见?因为你缺乏一双"语文的眼睛","语文"在你面前就不成其为"语文",它只是"内容"。在这里,我是从第三边界的角度理解语文的,显然,这里的语文就是指语言文字的形式。

我以为从语言文字的形式入手,从篇章结构的布局入手,让学生有所发现,语文教学是有路可循的。王尚文说,关注语文品质,品味作品如何遣词造句、谋篇布局,也就是弄懂其字法、句法、章法。字、句、章相关相连,字法、句法是基础,但也离不开章法,而章法也要靠字句体现出来。因此,语文教学要从字法、句法、章法入手,引导学生有所发现,提高其学习语言文字运用的能力。黑格尔在《精神现象学》里说,对于一个表象的分析,就过去所做的那样来说,不外是扬弃它的熟悉形式。将一个表象分解为它的原始因素就是把它还原为它的环节,这些环节至少不具有当前这个表象的形式,而构成着自我的直接财产。语文教学,在注重言语形式的同时,也要扬弃其形式,从其背后发现、分解、提炼出思想来,还原作者最真实的表达意图。

一、发现表达背后的表达

语文教学不能仅仅停留在教学生"写的是什么"的层次上,否则就很难提高学生的语文能力。"为什么这样写,怎样写",即言语表达,才是语文的根本,也是语文学科跟其他学科的根本区别之所在。

举个例子:"人的正确思想,是从哪里来的?是从天上掉下来的吗?不是。是自己头脑里固有的吗?不是。"对于这样的文本,政治老师一定会讲辩证法,那语文老师该如何教?我认为,我们应该关注的是:这段话为何要用设问句?若不用设问句,改成陈述句"人的正确思想不是从天上掉下来的,也不是自己头脑里固有的",可以吗?老师要引导学生体会:陈述句的表述方式很直白,而两个设问连用,增强了语势,更令人印象深刻。

无论听一线老师的家常课，还是听竞赛老师的观摩课，真正从语言表达角度加以思考、研究的课堂乏善可陈，这不得不引起同人的深思。语文教学亟待拨乱反正，关注语言表达（包括口头表达与书面表达）应为语文教学的重中之重。对此，有人会质疑：语文教学若单单关注语言表达，那丰富的人文内涵呢？殊不知，语文学科的人文性是融于工具性之中的。

文字是有生命的，它以自身独特的语调、节奏，充分、适切地实现着言语生命之情感和气韵；藉由文字，我们亦能洞悉作品主人公的灵魂，感受到审美情趣。文字以何种方式去表达，是老师着重要引导学生去发现的。王尚文在《"语文品质"笔记》中举的一例颇值得玩味：

打竹板，迈大步，／一来来到了十里铺。／十里铺，十里长，／有一道清清的小溪，／还有不少的柳树，／鸟儿歌唱花儿香。

打竹板，迈大步，／一来来到了十里铺。／十里铺，十里长，／清清的溪水柳成行，／鸟儿唱，花儿香，／真是一片好风光。

两组表达，孰优孰劣，毋庸多言。但细究原因，会发现：快板必须两行成为一对儿，句子挺拔，辙口结实，才能一气呵成。只能这样"表达"，而不能那样"表达"，即独特的表达形式会影响内容的表达、美感的形成。

王尚文特别强调，遣词造句，就好比是营造一个字句的家，家中每一个成员虽然年龄有大小，辈分有高低，职业不相同，脾气不一样，对这个家的贡献也有差别，但都与这个家有一份亲情；缺了这份亲情，就找不到这个家了。

比如《孔雀东南飞》里有关刘兰芝语言描写的句子，这里面的表达也是别有一番味道的：

新妇谓府吏："勿复重纷纭……"
却与小姑别，泪落连珠子。
出门登车去，涕落百余行。
新妇谓府吏："感君区区怀……"
阿女含泪答："兰芝初还时……"

兰芝仰头答："理实如兄言……"

阿女默无声，手巾掩口啼，泪落便如泻。

新妇识马声，蹑履相逢迎。怅然遥相望，知是故人来。举手拍马鞍，嗟叹使心伤。

新妇谓府吏："何意出此言……"

为何唯独跟焦仲卿对话时，刘兰芝没有任何神态描写？——"刘兰芝为何在自己最爱的男人面前有这样令人寻思的表现？"这样的表达背后的真正意图又是什么？叶圣陶说："阅读有时候不止于要了解大意，还要领会那话中的话，字里行间的话——也就是言外之意，不能读得太快，得仔细吟味；这就更需要咬文嚼字的功夫。"这种咬文嚼字的功夫其实要我们发现"表达"背后的"表达"：读出写作意图，读出情感倾向，读出审美趣味。教学中可以先引导学生发现：有些诗句语言描写前有神态描写，有些只有语言描写。然后进一步引导发现：唯独跟焦仲卿对话时，刘兰芝没有任何神态描写。在这样的言语表达中，刘兰芝那种善良、美丽、具有反抗精神、对焦仲卿既爱又恨的形象跃然纸上。潘新和说："每一篇文字都应该弥漫着蒸腾的血气和体温，都是个性生命基因的复制和重组，都打着人生经验、情感和感悟的印记。"每一篇文字表达的语气、表达的音韵、表达的句式、表达的顺序，都有其独特的含义，文字浸染着生命与人文；语文的每一个家庭成员，都承担着各自的责任和使命。教师善于引导学生发现语言，关注表达，学生才会对文本有更深刻的认识，才有更大的收获；否则语文教学会陷于人云亦云、浅尝辄止的泥淖。

二、发现思路背后的思路

"作者思有路，遵路识斯真。"遵照作者思路去理解文本，会帮助学生规避漫无目的地学。故而叶圣陶一直强调，如果一位老师能够帮学生把文章思路理清楚了，他就是一位非常优秀的教师。思路不清，学生自然不知道该如何去学。教学中，老师务必教学生发现思路，还要发现为何有这样的思路：

思路背后的思路。

来看一段《师说》的教学对话。

师：自由朗读课文，从课文第一自然段中找出这篇文章的中心论点。

师：老师说三个句子，大家看哪一个句子是这篇文章的论点。第一句：古之学者必有师；第二句：师者，所以传道授业解惑也；第三句：是故，无贵无贱，无长无少，道之所存，师之所存也。

生：古之学者必有师。

师：为什么呢？

生：围绕老师展开论述的。

生：是故，无贵无贱，无长无少，道之所存，师之所存也。

师：为什么呢？

生：按照择师的原则展开论述的。

……

开课前，老师让学生思考文章的中心论点，这样有统摄全课的作用，但这样的教学切入，只会让学生的思维处在一种被动状态，因为教学的思路不等于文本的思路。课堂上学生仅仅在思考文章的中心论点是什么，而不会思考作者为何提出这样的中心论点。教学中，老师一定要带领学生思考作者写作的意图，立足写作意图，给他们提供一个广阔的思考空间。

这是我教学《师说》的一段对话：

师：作者为何要写这篇文章？

生：余嘉其能行古道。

师：通读全文，思考"古道"指什么？

生：从师之道。

师：韩愈说李蟠，"不拘于时"中的"时"指什么呢？请同学们默读第二自然段。

这样引导学生，学生很快就进入文本，努力去还原时代背景，从而思考作者写作的初衷，自然也明白了中心论点。因此，教学要求老师让学生带着问题深入文本，深入文本要整体深入，不是摘章寻句，亦非选美、赏美，而是跟文本对话、交流。

发现思路背后的思路，其实就是指揣摩作者意图，从作品"写给谁看""为何要这样写"的角度，深入文本，完成一次心灵旅行。

这是《爱莲说》的选段：

予谓菊，花之隐逸者也；牡丹，花之富贵者也；莲，花之君子者也。噫！菊之爱，陶后鲜有闻。莲之爱，同予者何人？牡丹之爱，宜乎众矣！

教学中学生发现："牡丹之爱，宜乎众矣"应该要调至"莲之爱，同予者何人？"之前。我问为何，学生解释说："因为前面的顺序就是菊、牡丹、莲，这是作者的写作思路。"很多学生也赞成此说。于是，我相机而问："说，是一种什么文体呢？"学生很快回答："杂文，有批判现实的作用。"在我的引导下，学生得出这样的结论："莲之爱，同予者何人？"反问，慨叹当时与自己志同道合的人少，能做到品行高洁的人少；"牡丹之爱，宜乎众矣！"放在最后，有突出的批判意味。

发现思路背后的思路，重在启发学生思维，使之自主进入文本，懂得为何这样写。从思路安排的原因思考问题，学生对文本理解才会深，教学效果才好。

三、发现文字背后的审美

王尚文说，文学教育的宗旨主要不在于教学生读多少文学作品，而在于培养学生对文学的正确态度和鉴赏文学的能力，即通过语文课程的文学教育让学生走进文学的世界，让文学走进学生的心灵。不断凸显审美客体的教学价值，将隐含在审美客体中的价值具体化，以发现和实现其中真正的美，实现有效的审美沟通。语文课是审美的课，发现教学中不同姿态审美者的相互促进和补充有助于发现美的规律，更有利于提高学习者的审美力，提升教学的境界。童庆炳说，语言是文学存在的家园；语言自身具有生成新的意义的能力，词、词的组接，不单是为了传达信息，它们还可能具有审美意义。作者之所以这样选择和安排词句，而不是那样选择和安排词句，是因为语言的运用是与作家的艺术直觉同一的，它们本身就含有审美意义。

我在执教《氓》时，以文言虚词"矣"为切入点，让学生积极发现。

三岁为妇，靡室劳矣；夙兴夜寐，靡有朝矣。言既遂矣，至于暴矣。兄弟不知，咥其笑矣。静言思之，躬自悼矣。

三岁为妇，靡室劳；夙兴夜寐，靡有朝。言既遂，至于暴。兄弟不知，咥其笑。静言思之，躬自悼。

通过比较，学生们发现：这里的"劳、朝、笑、悼"是押韵的；那么为什么还用"矣"来结尾呢？难道我们古人为文都是随意写之，随意押韵吗？

有了这样的疑问，语言审美便真正开始了。学生们分别诵读上述两段诗后发现，前者声音低沉、情感压抑；后者声音激昂、情感奔泻。然后自然就联想到李清照《声声慢》里的句子"冷冷清清，凄凄惨惨戚戚"中的以"i"为韵母的字，开口小，声音相对细弱；它不像以"ao"为韵母的字开口大，声音大。最后我援引《元和韵谱》里的话"平声者哀而安，上声者厉而举，去声者清而远，入声者直而促"加以点拨启发，其后，他们纷纷以为：其中"劳、朝、笑、悼"四字虽押韵，构筑一种音乐之美，但声调不一，情感表达自然也有异；若皆以"矣"字结尾，女主人公那种压抑、郁闷、无奈、有苦无处可诉的形象立于纸上矣，可谓妙哉。

四、发现文字背后的生命

童庆炳说，文学性的第一要素就是生命力；死的作品是不会成功的，唯有呼吸着生命气息的活的作品才能成为真正的艺术品。一段文字，其实也有生命。语文教学离不开对语言文字的咀嚼和品味，离不开对文字背后热腾腾生命的发现。

先来探讨《廉颇蔺相如列传》中的一个有趣的问题：

相如因持璧却立，倚柱，怒发上冲冠……

于是相如前进缻，因跪请秦王。秦王不肯击缻。

这两句话中的两处细节值得玩味：在进献和氏璧时相如为何"却立"？渑池会的时候为何"前进"？仔细揣摩后，不难发现"却立"是为了寻找保护自己的地方，不让秦王手下有机可乘；"前进"是为了接近秦王，为恐吓秦王铺张。一"退"一"进"，蔺相如那种不畏死的精神与智勇的特点，跃然纸上矣。按照这样的方式去引导学生，学生对文字的敏感性将会日益加深。

然后再看看廉颇的言辞，也是值得玩味的：

廉颇曰："我为赵将，有攻城野战之大功，而蔺相如徒以口舌为劳，而位居我上。且相如素贱人，吾羞，不忍为之下！"宣言曰："我见相如，必辱之。"

品读之时，要引导学生去发现语言的特点，廉颇说话时最大的特点就是"我"用得多，而蔺相如非也。廉颇为何要说"我"呢？从听觉上来说，"我"显得粗犷些，更有自我的意味，如"自古圣贤多贫贱，何况我辈孤且直""安能摧眉折腰事权贵，使我不得开心颜""他年我若为青帝，报与桃花一处开""我劝天公重抖擞，不拘一格降人才""我自横刀向天笑，去留肝胆两昆仑"等等。廉颇的"我"正是炫耀自己战功赫赫、目空一切的表现；骨子里流露出来的自大精神，就不言而喻了。蔺相如在秦王和廉颇面前的表现，不正是司马迁的生死观、世界观的体现吗？

发现生命，诵读是一种常用方式。清朝桐城派大师姚鼐说"大抵学古文者，必要放声疾读，又缓读，只久之自悟；若但能默看，即终身作外行也"。黎锦熙曾一度提倡国语的诵读教学。诵读，需要"沉潜讽咏，玩味义理，咀嚼滋味"（朱熹语），是读者倾听自己或另一读者以物化的语音形态表现文本言语，它是语文教学最传统最基本的教学方法。诵读时，对于写在纸上死的语言可以从声音里得其意味，变成活的语气，从而更好地感知鲜活的生命形象。

比方教学《雷雨》时，如何体验侍萍复杂的内心情感呢？以下面一段文字为例：

鲁侍萍　（大哭起来）哦，这真是一群强盗！（走至萍前，抽咽）你是萍，——凭，——凭什么打我的儿子？

周萍　你是谁？

鲁侍萍　我是你的——你打的这个人的妈。

从侍萍语言变化上看："萍"与"凭"同音，"你的"与"你打的这个人的"替换。基于此，任何理性的分析都无法跟诵读相比，我们要让学生通过声音去展现侍萍的内心世界。"萍"轻读还是重读？"凭"用什么语气？"你的"用升调还是降调？"你打的这个人的妈"逻辑重音在哪里？声音，唯有声音才能表现这种矛盾、痛苦的心情。

再比方教学《边城》时，如何引导学生去感受边城淳朴的民风呢？我们还是从品味语言文字出发。例如文中这样的一段喊话：

"翠翠，翠翠，帮我拉着那个卖皮纸的小伙子，不许他走！"

可以引导学生思考此段话为何要连用两个"翠翠"呢？外祖父是怎样的一个形象呢？我们不妨让学生以外祖父的口吻来朗读。"翠翠"应该如何读？读一个"翠翠"与读两个"翠翠"有何不同？"不许他走"如何读？是高兴还是激动？是急促还是缓慢？通过朗读的语气、语调、节奏，学生自然就走进了外祖父的内心。这些言语只能从淳朴的外祖父的心中流淌出来，而不是那些视财如命的摆渡人能说得出来的，这不正是沈从文要表现的"优美、健康而又不悖乎人性的人生形式"吗？按这样的方式去品读文字，课堂上学生的思维一定是活跃的，因为每个学生心中的外祖父不一样，但是通过朗读的碰撞，学生会达成一种共识，因为翠翠的外祖父始终是淳朴、善良的外祖父，这一点是无法改变的。在以后的课堂中，当我一提起《边城》时，学生会不由自主地大喊几声"翠翠，翠翠"，大概"翠翠"的个性生命已经融入到学生的情感里了。

五、发现文字背后的技法

朱自清说："古人作一篇文章，他是有了浓厚的感情，发自他的胸腑，才用文字表现出来的。在文字里隐藏着他的灵魂，使人读了能够与作者共感共鸣。"在文学作品中，作家之所以这样选择和安排词句，而不是那样选择和安排词句，这是因为语言的运用是与作家表达的情感同一的；在阅读时，学习作者的表达技法，不仅可以感受到作者的情感，也可以提高自己写作的技法。

一次教学《苏武列传》，当引导学生读至"幸蒙大恩，赐号称王，拥众数万，马畜弥山，富贵如此"时，学生就提出了疑问："为何这里的句子如此整齐呢？"——前文没出现过如此整齐的语句。于是我继续让学生反复品读，最后学生总结道："这样的语句恰到好处地体现了卫律狂妄自大、炫耀自己、不知廉耻的丑恶嘴脸。"为何这样的句子能够传达出这样的情感？因为这里用的是短句且每句字数相同，铺陈了卫律变节后得到的赏赐，而这些赏赐恰恰是苏武所不齿的。其实，铺陈是古诗文常用的手法，譬如《孔雀东南飞》："十三能织素，十四学裁衣，十五弹箜篌，十六诵诗书。十七为君妇，心中常苦悲。"系列铺陈正是刘兰芝幽怨的独白。

又如执教《包身工》时，我发现下面一段文字值得玩味：

也许是她要介绍一种更合理的惩戒方法，走近身来，揪住小福子的耳朵，将她扯到太平龙头前面，叫她向着墙壁立着；拿莫温跟着过来，很懂得东洋婆的意思似的，拿起一个丢在地上的皮带盘心子，不怀好意地叫她顶在头上。东洋婆会心地笑了。

课堂上我让学生反复品读该段文字，要求他们能发现疑惑处。最后学生提出这样一个问题："在描写东洋婆时连用'走''揪''扯''叫'等动词，而描写拿莫温动作行为时，却用了修饰语'很懂得东洋婆的意思似的''不怀好意地'，这是为何呢？"

于是我相机而动让学生再次品读文字，体验文字蕴含的情感。经过一番激烈的探究后，学生认为，几个动词连用，动作毫不犹豫且极其连贯，表明打人已成习惯，形象地刻画出东洋婆凶狠残暴的一面；写拿莫温，用了修饰语，暗指他狐假虎威，生动地描写出一副卑躬屈膝的奴才嘴脸。这样的遣词技法，更好地表达了作者对东洋婆和拿莫温的愤懑以及对小福子的同情。

发现文字背后的技法，需要发现文字隐含的信息。对于隐蔽的文本，得有发现其隐含的信息的勇气与智慧；发现隐含信息，需要厘清关系，辩证思考。

如《烛之武退秦师》中第一段：

晋侯、秦伯围郑，以其无礼于晋，且贰于楚也。晋军函陵，秦军氾南。

教学中必须带学生研读，发现隐含信息。晋侯、秦伯围郑，是因为郑"无礼于晋，且贰于楚"，但跟秦无利益关系。恰恰是这一信息，为烛之武成功退秦师埋下伏笔。如果开头不交代此暗含的前提背景，那么后面的烛之武的劝说也是无力的。"晋军函陵，秦军氾南"，说明形式非常急迫，为下文"夜缒而出"埋下伏笔。

文中第二段的描写也值得玩味：

辞曰："臣之壮也，犹不如人；今老矣，无能为也已。"公曰："吾不能早用子，今急而求子，是寡人之过也。然郑亡，子亦有不利焉！"许之。

烛之武非圣人，他也是有个人情绪的普通人，但这样的人在国家利益面前并不含糊，人物形象更为真实。

语文课程标准指出："进一步提高记叙、说明、描写、议论、抒情等基本表达能力，并努力学习综合运用多种表达方式。能调动自己的语言积累，推敲、锤炼语言，表达力求准确、鲜明、生动。"课堂上，老师一定要诱导学生从言语的细微处发现精妙点，引导学生从言语的背后学习作者遣词造句的技法，养成科学的阅读和写作习惯。

六、发现文本背后的价值

文本都有其教学价值，文本背后的价值是确定教学内容的前提。不同体裁的文本有其不同的价值，相同体裁的文本也有其不同的价值。所以，教师必须发现文本不同的价值方可合理确定教学内容。比方说执教《阿房宫赋》时，我们首先要思考它的文本价值在什么地方。《阿房宫赋》是天下第一赋。赋，"铺采摛文，体物写志"。杜牧写这篇文章的意图是借古讽今。那么，这篇文章的文本价值定位，应该在什么地方？一个是语言学习的运用，一个是思想上的认识。有老师在课堂上要求学生仿写：一是根据排比、夸张、比喻句仿写河曲夜景，一是根据排比、夸张、比喻句仿写球场进球的场景。但是这个仿写跟我们的文本关系有多大呢？这位老师想培养学生利用排比、夸张、比喻的形式来写作，从这点上讲是合理的，但是从文学作品的本位价值上讲是有偏移的。我们讲文以载道，载的是什么道？难道讲的是夜景图？难道讲的是球员进一个球？这是值得我们商榷的，也是值得我们深思的。

第三节　发现学情

当教研员后,我常去一线听课或参加一些全国大型的语文活动,听课中经常思考:我们的语文课堂到底带给了学生什么?如果让学生自学效果会如何?

举个例子:现在的作文教学效果低效,跟语文老师自身的写作水平息息相关,其实还有一个更重要的原因,那就是忽略了学情。在班级授课中,老师一般根据自己的设想设计一两个教学重点来开展教学。然而,作文教学是最具个性的教学。学生的写作情况大致可以分成几类:爱写也会写;不写也不会写;爱写但不会写;不写但会写。

根据学生的不同情况,试想如果执教者考虑欠周全,课堂上势必会出现一批"陪读生",当然这也反映了班级授课的通病,但除此之外呢?我们在教学中是否有此意识:分类、分层教学才是促进教学的有效方式,没有发现、关注学生学的意识何来教的效果?统一的教学内容是否能有效地促进教学?

一、学情释义

《农村调查·序》里有这样一段话:"现在我们很多同志,还保存着一种粗枝大叶、不求甚解的作风,甚至全然不了解下情,却在那里担负指导工作,这是异常危险的现象。对于中国各个社会阶级的实际情况,没有真正具体的了解,真正好的领导是不会有的。"

纵观当下语文教学,不重视学情的教师不占少数。他们往往根据自己的预设(这种预设多半是教师的一种假想)确定教学内容,这样的教学本质上是假定教学：假定学生需要什么，我便教学生什么。有的教师只关注部分学生的学情而忽略另一部分学生（通常是基础不好者）的学情。仿照《农村调查·序》来说，现实教学也大抵如此：

现在我们很多老师，还保存着一种粗枝大叶、不求甚解的作风，甚至全然不了解学情，却在那里担负教学工作，这是异常危险的现象。对于班级的实际情况，没有真正具体的了解，真正好的老师是不会有的。

何谓学情？顾名思义，就是学生学习的情况。有研究者把"学情"的概念界定为"对学习效果有影响的学生信息"，这是学情研究首先要解决的问题。我更赞同学情是"对学习效果有影响的学生信息"的定义。那学情的外延有哪些呢？

王世伟认为起码有十个方面：（1）学生的知识掌握情况。（2）学习兴趣。（3）学习需要。（4）学习方法。（5）学习习惯。（6）学习态度。（7）学习环境。（8）学生情绪以及自我状态。（9）学生文化。（10）学生生活。其中"学习需要"是核心要素，其他方面皆直接或间接影响其需要。

概言之，学情就是对学生学习有影响的学生的知识掌握情况、学习兴趣、学习需要、学习方法、学习习惯、学习态度、学习环境、学生情绪以及自我状态、学生文化、学生生活等信息。

实践证明，教学，是基于学情起点的教学，而不是罔顾学情，双眼只盯住教师的"教"与学生的"学"的教学；好的教学，无疑都是因材施教的教学，需要老师选择适当、适度的方法教育不同的个体，从而实现教育的真正目的——促进人的发展。

二、学情分析

厘清了学情的内涵与外延，那么如何做学情分析呢？

陈隆升把学情分析分为三个阶段：一是教学设计，即分析学生的学习起点，并依据学习起点确定教学目标，选择教学内容和教学方法；二是教学实施，即组织学习活动，关注学习状态；三是教学评估，即对学习结果评估，并依据评估情况调整计划；如此循环。教师在课堂教学时，为了达成一定的教学目标，当遇到学生"读不懂"的需要时，教学的重点是帮助学生解读课文，使学生"读懂课文"；当遇到"不喜欢"的需要时，教师的教学重心应该放在帮助学生运用正确的方法去"鉴赏课文"，体会课文的妙处。

如果从教学的设计、教学的实施、教学的结果来分析学情，教师不能仅注意课堂上学生的学情（多指学生情绪及自我状态），还得在课外依靠问卷调查、家访、个别交流、课后观察等形式加深对学生的了解，如此方可更精准地了解学情，更利于组织教学。

不难看出，只有了解学生的学，才有教师的教；真正好的教学是需要教师深入到学生中去的，只有先做调查者、跟学生做朋友，遵循民主、平等的原则，以倾听、对话等方式跟学生多方位交流，才利于课堂教学的展开。同时也发现：教学中个别指导，小组合作十分重要。在班级授课中，依据学情，要留给学生充分阅读、思考以及展示的时间，根据学生课堂的状态进行点拨、引导。佐藤学指出：教师的责任不是进行"好的教学"，而是要实现所有儿童的学习权利，尽可能提高儿童学习的质量。建立以倾听和对话为基础的学习共同体，这不但是师生的共同愿景，也是学校整体变革的基点，是保障每一个儿童学习权的挑战。因此，开展小组合作，同学之间互相学习，借助学生与学生相互了解的特点，可有效地规避老师对学情不太了解的阙漏。不过再次强调：对学情的全面了解，功夫在课外。

比如，我在一农村学校支教当第一校长期间，由于学校留守儿童居多，他们在家无法得到家长辅导，于是我跟语文老师根据实际学情制定了小学低年级教学基本要求：课堂上留足时间给孩子背课文；规定识记的汉字，默写当堂过关。后来，我发现这样的教学内容非常适合孩子们，教学效果明显提高。

在具体教学中，由于各学校存在差异，同学校不同班级情况也千差万别，老师首先要熟悉、了解学生，然后再去探寻适合自己学生的教学内容。当下流行的群文阅读，如果在偏远的山村学校推广是不合宜的；被大家推崇的批判性思维教学，若在落后的学校推行，也是不切实际的。"橘生淮南则为橘，橘生淮北则为枳"，教学亦然。

故而，老师的体察力、甄别力、思考力，不容小觑。老师首先要做一名发现者,一位学情发现者、关注者、研究者,然后教之。换言之,我们的教学是以发现学情为逻辑起点的。

教的根本目的是帮助学生学。教的意义在于实现学的需要,教的内容依托于学的需要,这是教学的双需要,也是教学的常识,但常常被老师们忽略。教学设计是预设的,换言之,是静止的、机械的、想当然的。真正的教学,应该从老师进入课堂说出"上课"那一刻开始。学生的基础、能力各异,若以单一的方法和固定的内容开展教学,就难以实现各取所需、因材施教。因此在课堂上,老师必须有一双敏锐的眼睛,随时发现学情。教学不仅要发现顿悟者,也要发现渐悟者,更要发现无悟者,据此及时调整方向、增删内容。

曾听过一堂公开课《沁园春·雪》。从教学环节上讲,设计十分简约,可圈可点。执教者设置了一个问题:假如让你来当摄影师,拍一个《沁园春·雪》的艺术短片,用画面展现这首词的意境,你觉得应该如何拍呢?不难看出,执教者的本意是以此问带领学生进入文本,理解诗歌内容。然而,当学生提出不了解摄影技巧时,老师开始不厌其烦地介绍起摄影知识,如怎样取景:全景、远景、中景、近景、特写;如拍摄角度:俯拍、仰拍、平拍……越讲越细,也越讲越偏。结果,学生对文本更加陌生,台下听课老师一片喧闹,议论纷纷,有人发微信到现场大屏幕上说:"老师,别拍了,你是要上摄影课吗?"一节语文课,却变成了摄影课,究其原因,无非是老师被学生的问题牵着鼻子走,罔顾学生实际需求,也忘记了学生学习语文的真正目的。好的教学是生成的,而生成基于发现。唯有在与学生的对话中,做一名敏锐的发现者,才会洞悉学生的心理,才能及时捕捉学生需要的信息。敏锐的发现需要耐心。课堂上如果出现沉闷的气氛和呆板的面孔,老师不要急于求成,而要耐着性子仔细观察,从学生的言谈中定位他们知识的盲区、思维的盲点。有了如此发现,教才称得上有的放矢,学才算得上学有所得。

第四节　真教语文

语文在"教什么"上，问题多多；在"如何教"上，问题也不少。比如很多老师用过多的 PPT 图片代替文字阅读，各种假合作、假探究充斥课堂，语文教学效果低下可见一斑。真教，显得尤为重要。

一、真教指教明白

教明白是指学生听得明明白白，学生也能明明白白讲出个所以然。现在的很多课堂，老师糊里糊涂地教，学生迷迷糊糊地学。比方有老师执教《坐井观天》时，引导学生品味语言时进行举例比较：一处是"天无边无际大得很哪！""天无边无际很大很大"；一处是"天不过井口那么大，还用飞那么远吗？""天不过井口那么大，不用飞那么远"。让学生不断去读去感悟，这样的方式非常好，并且老师能教学生从这样的角度比较语言，可谓抓住了语文的内核；但是老师并没点破它们的区别在什么地方，学生只停留在读的感知层面，而缺乏真正的理性思考。学生能感悟到前一个句子的妙处，固然很好；若老师再追问原因并加以阐释，学生理解得会更深透。只有理解了的，才是学生自己学来的。故而王荣生旗帜鲜明指出的对于阅读教学应用现代"理性分析"的阅读方式去解读，是非常有道理的。

请欣赏宁鸿彬老师《皇帝的新装》的教学片段：

师：说得很好！就是这样。你们谈得都很深刻。这个故事告诉人们：自私自利是罪恶的根源，只有无私才能无畏。（众生记录）

师：在这节课刚开始的时候，我曾经对大家说，我要教给你们一种阅读理解课文的方法。现在就请大家说说，你们体会到了没有？

生：是不是在阅读分析课文的时候，要抓住重要的词和重要的句子呀？

生：是不是分析课文以后，要用恰当的词儿把它说出来呀？

师：你们说得都不错。这两点，都是阅读理解课文的要领。不过，这不是我要教给你们的那种方法。这节课我们一起研究的问题是，皇帝、官员、百姓上当受骗的原因是什么，那个小孩没有上当受骗的原因是什么。正是因为我们抓住了这个问题刨根问底，追查原因，所以才从现象到本质，比较深刻地理解了课文。这种抓住课文叙写的事件去追查原因的阅读理解课文的方法，叫作"析因阅读法"。

单从学生的回答来看，学生理解的似乎不是教师最初想教给学生的，但学生确确实实学到了东西。原因何在？是因为学生还没有真正领会宁老师教给他们的"析因阅读法"，他们只是间接地得到了想要学的。换言之，学生还没学明白。针对这种情况，宁老师再次强调"析因阅读法"，从根本上作了学理上的回答。教师的高明往往体现在课堂结课时那画龙点睛式的归因。

二、真教指真讨论

去一线听课，特别是去一些课改学校听课，我们发现课堂普遍存在这样的现象：学生讨论一分钟还不到，就纷纷发言。这样的讨论是什么讨论？是不是流于形式？既然是小组合作，应该留足时间，有充分的讨论机会。故而教师上课时务必要确定讨论内容、时间、人员、方式，确保讨论真正开展下去，而且要保证其质量。如果不是小组合作，而是自由讨论，也要确保讨论的针对性与方向性；当然，讨论的话题得有讨论的价值。只有如此，讨论才有意义，亦有效果。关于讨论，在下一讲，我们将进一步探讨。

请欣赏尤立增老师《拿来主义》的教学片段：

师：对，是侵略。大家看第六段提到"送来"，实质是什么？是经济上的帮助，文化上的支持，还是军事上的协助共赢？不是！实质是什么？侵略！所以说这种"抛给"是一种带有恶意的输入，实质是欧美国家对当时中国经济、军事上的侵略。

生：既然"抛给"的本质是侵略，那么"抛来"呢？

师：问题很有价值。哪位同学回答？

生：可以理解成自己用不了的送给别人，这是一种中性的没有恶意的东西。

师：现在西方国家把它们的文化产品送给我们，我们该如何看待？

生：我觉得不能理解成"抛来"的，它是"抛给"的，涉及文化侵略的问题。

生：我不同意！现在是全球化时代，各国之间交流日益密切，正常的文化交流怎么能算是"送来"的东西呢？

生：《拯救大兵瑞恩》等美国大片，不光好看，也体现了顽强的精神、意志，这是人类共同的品质。

生："好看"能作为评价的唯一标准吗？当你看美国大片看得太多的时候，你受到他国家意志的影响。我们青年人应该领悟，当你沉浸在日本的漫画、动画片中，沉浸在美国的大片中，你就会放弃我们民族传承了几千年的文化传统！

（生长时间鼓掌）

师：其实，面对这样的问题怎么办，鲁迅先生早已作出了回答，是什么？

生：（齐）运用脑髓，放出眼光，自己来拿！

师：可见，鲁迅先生的伟大之处在于思想的前瞻性。

学生围绕"抛来"与"抛给"展开了讨论，针锋相对，不乏激烈。这样的讨论才称得上真讨论，因为学生的思维得到了激荡与碰撞。

三、真教指真生成

听一些公开课，很多时候学生回答问题整齐划一，只要老师一问，学生必能完美回答。如果这个精彩，是在没有作任何充分准备的情况之下，学生即兴回答出来的，那就真的太完美了，因为这才是生成。没有生成就没有好的课堂，而好的生成都是立足于真教基础之上的。现在一些公开课或者家常课，老师们喜欢作假，搞一些假回答给听课老师听，没有多少教研价值。所以立足于课堂当堂的生成，这样的教才是真教，学生才有真收获。关于生成，在下一讲，我们将进一步探讨。

请欣赏李仁甫老师《面朝大海，春暖花开》的教学片段：

师：现在是在乡村，是在野外，是那种自由的生活，好，大家来写一写。

（学生动笔，教师巡视。时间为一分半钟。）

师：好，先写好的可以先发言，来和大家分享一下你的思考成果。

女：汲泉，踩水，周游世界。

师：哦，汲泉，汲水。踩水，就是踩着河水。大家看看怎么样？……我们写的意象要有典型性，尤其是相邻的两个意象，不能重复，不能有过多重叠、交叉的地方。"汲泉"，还有什么？

男：越岭。

师："越岭"，翻越山岭，"汲泉，越岭，周游世界"。

男：暮舟，云影，周游世界。

女：北斗，年轮，周游世界。

师：北斗，北斗星，年轮，树的年轮。嗯，北斗什么意思？

女：指明方向的。

男：竹杖，蓑衣，周游世界。

女：晨曦，暮霞，周游世界。

师："暮霞，晨曦"，把一天当中的不同时间写出来了，也写出了周游世界一天之中的不同风景，用了这两个富有特征性的意象。有没有了？嗯，请！

女：寻青，踏雪，周游世界。

李仁甫老师是生成语文的倡导者，追求课堂的生成。学生的练笔本身就是一个生成的过程；更难能可贵的是，根据学生的写作，李老师再次让课堂生成。生成是建立在真学之上的，真学一定会暴露问题；其实，解决问题的过程就是生成的过程。

四、真教指真表扬

教学要敢于指出学生的错误。通过观察课堂，我们发现：不管学生在课堂上表现如何，老师评价时都给以"好"或"非常好"笼统式的表扬。如果这样，我们的表扬也太廉价了。老师有什么作用？第一，鼓励、表扬学生以激发起学习的兴趣；第二，含蓄、委婉地指出学生的错误。《学记》里讲"长善救失"就是这个道理。所以，适当、适时地指出学生的错误比不负责任地胡乱表扬有意义得多。无论是表扬还是批评，一定要给出过程评价，不是简单的"好"或者"不好"。

赵志祥老师执教《鲸》时，给学生的表扬都立足于学生的真实回答。

师：再看——（换画面）光凭这一高难度的动作，就该给它起一个好名字。

生：恕我直言——"扭动的虎鲸"。

师：哈，还"恕我直言"，挺文雅的嘛！扭动的虎鲸，名字很形象，不过，看清楚，它不是虎鲸哦。

生：海洋中的田亮。

师：想象丰富！

生：永恒的雪花。

师：比较贴切。

生：脖子扭扭，屁股扭扭。（笑声）

师：融入现代歌曲，有创意！

生：水上芭蕾！

师：妙，妙不可言！

师：再来一个！（换画面）

生：哇，好美！

师：可用一个什么词来形容它？

生：海洋之花。

师：太有诗意了！

生：金波跳跃。

师：美丽无比！

生：朝阳下的睡美人！（笑声）

师：应该是"朝阳下的'懒'美人"！（笑声）

生：海上出美人。

师：哇，倾国倾海呀！（笑声）

师：再看一幅，（课件展示）这就是蓝鲸。

生：海军上校。

师：帅、酷！

生：老态龙钟！

师：攻击本团长？（笑声）

生：英俊潇洒！

师：哈，谢谢，有点过誉。（笑声）

生：老当益壮！

师：太好了，你当副团长！（笑声）

生：壮志凌云。

师：道出本团长的心声！你当首席秘书助理！（笑声）

师：再看一幅。

生：海上蝴蝶花。

师：美极了！不过这个词语对于这个画面有点太轻巧了。

生：海面出尾翼！

师：不错，就是太直白了点儿。

生：张小泉牌剪刀。

师：我告诉你，张小泉的剪刀往这里一放就扭曲变形了。但是，你想象力丰富，升为团副，享受团长待遇！（笑声）看本团长想到了什么，一起读。

赵老师针对学生的回答，"扭动的虎鲸，名字很形象，不过，看清楚，它不是虎鲸哦"，有表扬，亦指出不足；"美极了！不过这个词语对于这个画面有点太轻巧了"，鼓励中有点拨；"不错，就是太直白了点儿"，重在指出缺点。表扬不是一味地赞美，而是要给出赞美的理由；也要看到其不足，使之精进。

五、真教指讲逻辑

有些课堂为何杂乱无章？为何学生学得忙乱？最主要的原因是教学缺乏逻辑。比方说，有老师用诵读法教学：课堂设计个人读、分角色读、比较读、表演读四个环节。"读"贯穿整个教学，课堂书声琅琅，相当之好。但诵读也要分层次，顺乎认知规律。表演的目的是为了引导学生进入文本，课文上完了又去表演，这个逻辑是有问题的，纯属画蛇添足。所以说，既然是诵读，个人读、分角色读、表演读，它们的层次是怎样的？如何来安排？这是值得我们去研究的。此外，讲逻辑的教主要体现在教者思维的逻辑性，这需要设计的每个环节都要合乎学生认知的逻辑。

我们就拿朗读教学举个例子。余映潮老师在执教《口技》一课时，是这样设计的：

第一次读，要读得流畅响亮。人人出声，读得沸沸扬扬，以形成课堂气氛并初步感知课文。

第二次读，要读得字正腔圆。主要训练朗读第一段，教师示范，学生学读。这里的"字正腔圆"主要用于表现文中的气氛，为全文的朗读定下一个基调。

第三次读，要读得层次分明。从理解段落层次的角度训练朗读第二、三段，同时训练学生的段落分析能力。

第四次读，要读得有情有境。朗读第三、四段，老师示范，同学们体味文中情境并通过自己的朗读将其表达出来。

第五次读，要读得有急有缓。这里重点朗读第四段，先急后缓，读出文中情景，读出段中层次。

五次朗读，次次不一样。可谓要求具体，层次明朗，层层递进，学生的理解在朗读中不断加深，循序渐进；学生学得扎实且轻松。

总而言之，语文教学需要站在发现的视角：课堂是学生的，离不开对学情的了解与发现，一切离开学情的教皆是不合实际的假教；语文是言语里长出的灵魂，要在言语表达上感受人文的魅力；语文课堂要给学生以思考的方向，让学生在思中学，在学中思。同时，师生的教学行为是真实的，真真切切在教，明明白白在学；不装，不演；说真话，学说真话；做真人，学做真人。

第三讲

教学关系

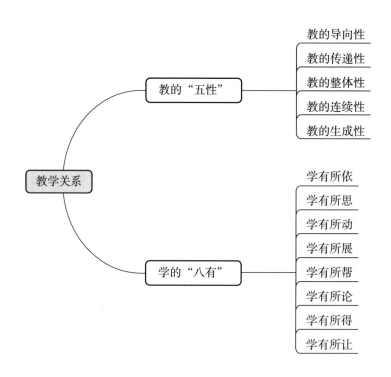

教与学到底是一种什么样的关系呢？随着课堂教学研究的不断深入，大家对教学关系的认识逐渐在发生变化：若干年前的"以教为中心"说，逐渐演变成"以学为中心"说，教学中学生的主体地位日渐得以凸显。不过，"以教为中心"与"以学为中心"的观点，都是各自在强调教与学的两个极端，教学只不过从教的一端走向了学的一端而已。华东师大教授卜玉华指出：教与学的展开逻辑不是教中心，也不是学中心，教与学是一个有机整体，是师生围绕教学内容，通过共同参与、对话、沟通和合作等一系列活动，产生交互影响，以动态生成的方式推进教学活动的过程。黑格尔在《小逻辑》里说："存在只是潜在的概念。存在的各个规定或范畴都可用'是'去指谓。把存在的这些规定分别开来看，它们是彼此相互对立的；从它们进一步的规定（或辩证法的形式）来看，它们是互相过渡到对方。"教与学的存在也是相互转化的，两者不可偏废。好的教学，追求的就是教学合一的境界。在整个教学过程中，教师根据学生的学不断追求教与学的合一。教与学，好比阴与阳，一阴一阳谓之道；一教一学亦谓之道。

教学就如阴阳，在整个教学过程中，它们在相互转化：教促进学，学决定教；教就是学，学也是教。

有这样一个四年级的班级：上课有玩玩具的，有走动的，朗读是唱读的，学生根本不会分析课文，几乎不爱表达也不会表达……

一次习作课上，我是这样处理教学的：

（1）学生推荐代表上台读自己的作文；
（2）学生读单元例文，思考写作方法；
（3）老师带读单元例文，学生齐读；
（4）老师讲写人记事文的写作方法，学生记笔记；
（5）布置课后作业：仿照课文，完成习作。

这样的教学看起来不但没有任何特色，而且很多人都以为老师剥夺了学生学习的权利。事实恰恰相反。因为学生基础不好，他们对所学知识并未掌握，况且更没形成学习的良好习惯，所以，教师的教当体现在明明白白告诉他们干什么，给他们指引学习的方向。老师只有把该教的先教给学生，他们理解了，教才可以转化为学。此时的教，就是学。教与学的关系，不是简单地以学为中心，而是在学生一无所知的情况下，教师的教就是学；一旦学生有了学的基础，如果教师用教替代学生的学，便是大错特错。很多年前，叶圣陶对教师之教很鲜明地指出，见不到处给学生点明，容易忽略处给学生指出，需要参证处给学生提示；当然，遇到实在搅不明白处，还是给学生讲解。

丹纳说："一件艺术品，无论是一幅画，一出悲剧，一座雕像，显而易见属于一个总体。"教学也是如此，无论是教还是学，都属于一个总体，它们是合一的。

那么如何实现教与学的合一呢？教师应该处理好教的"五性"与学的"八有"的关系。

第一节 教的"五性"

一、教的导向性

一堂课,可以教学生很多很多内容,老师应该把学生引向哪个方向呢?这离不开教的导向。教的导向是指教师根据学的需要,给学生以学习的一种方向,它让教师的教与学生的学的方向尽可能一致,使学习不再盲目与杂乱。

请看《六国论》的教学片段:

师:文章的中心论点是什么?
生:六国破灭非兵不利,战不善,弊在赂秦。
师:作者从哪两个分论点进行论证的呢?
生:赂秦而力亏,破灭之道也。
生:不赂者以赂者丧。
师:请同学分别找出论证的方法。

这样的导向不可谓不清晰,学生学习也有方向;但这样的方向并不是学生真正的学习的方向,学生只是跟着作者的思路走,也难以明白作者为何如此写作。好的导向,一定能激活学生的思维;教师的教一定要有思维的导航性。只有激活学生的思维,学生才能动起来,教的导向才是科学的,才是对路的。

我们不妨对《六国论》的教学略加调整,效果截然不一样。

师:文章的中心论点是什么?

生：六国破灭非兵不利，战不善，弊在赂秦。

师：要想中心论点成立，作者需要如何来证明呢？

生：六国都破灭了。

生：他们的破灭不是兵器不锋利。

生：也不是不会作战。

生：弊在贿赂秦国。赂秦而力亏，破灭之道也。

师：事实上，所有的国家都贿赂了秦国吗？

生：有一个小国——齐国没有。

师：那如何证明"弊在赂秦"呢？

生：不赂者以赂者丧。

不难看出，这样的导向旨在使学生破解作者的写作思路，让学生站在创作者的思路进行思考。如此，可谓教得深刻，导向深远。

教的导向内容上体现在：围绕某个问题展开，让学生明白学什么，让学生走向思维的正确航道；形式上体现在：创设活动来实现教的导向。

如指导统编教材初一语文课后写作：

那天放学回家，我不小心摔了一跤，手受伤了，校服也磕破了。回到家里，爸爸、妈妈、爷爷、奶奶都很心疼，嘱咐我以后走路要小心。

如何让学生把它写得丰满、生动些呢？

教师一定要创设活动，让学生去发现写作的秘密。创设活动无非是借助已学的知识来获得新知。我们不妨借助《秋天的怀念》的第一段来引起学生发现，从而带给他们思考。下面是我指导写作的教学案例：

先展示概括性的语段让学生判断。

双腿瘫痪后，我的脾气变得暴怒无常。母亲很关心我，并鼓励我好好儿活。

老师引导学生发现写作的问题：不会细节刻画，表达很笼统。

趁机展示：

双腿瘫痪后，我的脾气变得暴怒无常。望着望着天上北归的雁阵，我会突然把面前的玻璃砸碎；听着听着李谷一甜美的歌声，我会猛地把手边的东西摔向四周的墙壁。

学生发现：原来概括性的描写一定离不开具体的细节的刻画。

老师相机而动，让学生归纳总结：概括性的描写一定要具体细节来刻画。

那么教材上的文段什么地方需要具体描写呢？

学生总结说："手受伤了要具体说，爸爸、妈妈、爷爷、奶奶都很心疼，要分别写他们是如何心疼的。"

创设活动实现教的导向性需要四个环节：问题激活—学生发现—形成思考—学生归纳。

（1）问题激活。好的教学都是由学生的问题开始的，教学的逻辑起点是什么？我以为就是学生的问题。教学中一定要善于发现学生的问题，用学生的问题激活课堂。

（2）学生发现。语文教学一定要少告诉，多发现。"一个人通过自己的发现而得出的结论一定会让自己欣喜不已、记忆深刻"。让学生去发现，就是把学习的主导权归还给学生，最终让学生自主驾驭整个学习过程。

（3）形成思考。教学中学生发现问题之后，要积极思考，寻求解决问题的方法。语文课程标准指出，"能够辨识、分析、比较、归纳和概括基本的语言现象和文学现象，并能有理有据地表达自己的观点和阐述自己的发现"。整个过程就是不断形成思考的过程。

（4）学生归纳。学生形成思考之后，很多老师容易犯越俎代庖的毛病，喜欢代替学生去概括。正确的方式应该是：让学生去梳理，去概括，去总结，最后实现教的导向。

郑桂华老师执教的作文课《描写的奥秘》，让学生在发现的基础上，形成思考，最后归纳出写作技法，课堂生趣盎然。

师："柔柔的"，好。请问，我为什么把这几个词写到黑板上去让大家关注呢？"清澈的""碧绿的""蔚蓝的""平静的""柔柔的"，为什么呢？

生：角度。

师：这几个词使描写的角度——

生：增多了。

师：本来我们只用了"清澈"，这是指水的透明度，"碧绿的""蔚蓝的"是水的颜色，"平静的""柔柔的"呢，是水的那种形态、质地、感觉。那么，讲到这里我们是不是受到一种启示啊？怎样才能使描写更具体一些呢？我们用"清澈的""碧绿的""蔚蓝的""平静的""柔柔的"，是不是更具体点了？那么，哪位同学把我刚才的意思用一句话概括出来？告诉大家这样写会更好。好，这位同学来试一下。我们在形容的时候，在讲对象的特征的时候，可以怎么样？

生：不同。

师：也就是，从——

生：多方面。

师：非常好。（板书："多方面"）如果我们能从多个角度、多个方面来描写和形容事物，是不是就具体些了啊？课文中有没有这样的例子啊？还记得朱自清的《春》里面描写小草的句子吗？"小草偷偷地从土里钻出来……"

生：（齐背）嫩嫩的，绿绿的。园子里，田野里，瞧去，一大片一大片满是的。

师：有多少个角度？一个是"偷偷地从土里钻出来"，这是它的情态；"嫩嫩的"，质地，第二个角度；"绿绿的"，颜色，第三个角度；"一大片一大片"是第四个角度，数量。朱自清的写法我们也能学一学，是不是？

生：是。

师：现在我们来归纳一下。（投影）

"有什么"是叙述，它所起到的作用是把东西叙述准确。

"怎么样"是刻画、描摹，它起的作用是"清楚、细致"。最好要从多个方面、多个角度来写。

"像什么"是比喻，它的作用是生动形象。

师：这些就是描写的奥秘，简单吧？

生：简单。

师：（投影风车的画面）现在我们就以这幅画为描写对象，把我们刚刚学到的一些办法用上去。我不要求同学到黑板上来写，不过待会儿我会把几位同学写的收上来，请他们念给我们听，请大家来评论。时间是三到四分钟。开始吧。

学生发现写作的角度后，郑老师及时要求学生去归纳：有什么，怎么样，像什么。归纳的过程也是思维高度凝聚的过程，有了这样的过程，学生自然而然就发现了描写的奥秘。大道至简，实现教的导向，通过问题驱动，让学生先有发现，之后形成思考，最后归纳总结，便可成矣。

二、教的传递性

教师教的过程，也是学生学的过程；教的目的，是为了实现学生学的权利。教需要传递，学亦然；没有传递，就没有教学。教的传递体现在教学结构的板块式推进（板块式推进就是指完整的、连续性的教学环节推进）。

余映潮老师在执教《记承天寺夜游》时，用板块式逐渐推进，实现教的传递。

师：开始背诵。背书是要讲规律的，需要知道这篇文章的层次脉络。现在我告诉大家，这一篇课文，别看它只有一段，其实可以分为两层、三层、四层。下面开始分析。

……

师：下面是"欣赏"。一次分析练习：一字之美，一词之美，一句之美，结构之美，层次之美，描写手法之美，表达方式之美，情感之美等等。

学生思考。

……

老师小结：这篇文章玩味无穷。

美在篇幅的精短。一个完整的故事竟是用84个字表现出来的。

美在内容的丰满。用8个字来概括：一晚、一游、一景、一感。这么短的文章却有这么丰富、丰满的内容！

美在结构的灵动。一段居然可以分为两层、三层、四层。

美在月色的描写。"一笔两写"，既写了月光又写了地面的景色，却没有出现一个"月"字。月色的描写给我们宁静、澄澈、透明的感觉。

美在情感的波澜。高兴的感觉，寂寞之感、兴奋、淡淡的快乐，略有惆怅，赞叹、惊喜，更深层次的感慨。文中情感的波澜就是这样美丽。

美在"闲人"的意味。"闲人"可以理解为悠闲地欣赏美景的人；也可以理解为这个时候作者的心情很宁静；还可以理解为他的乐观和旷达，不为现在的境遇苦恼，而享受着自然的美景；同时也表现出一种惆怅的心境……"闲人"意味深长，怎么理解都很有意思。

这样，一篇84个字的文章让我们品出了这么多美好的地方，神品！

余老师把教学环节分成了三大块：背诵，欣赏，小结。每个板块又分成了若干个小块，故而思路显得尤其清晰。如背诵板块，让学生理清文章层次脉络，进行分层讨论；欣赏板块，从字、词、句，从结构、层次、描写手法、表达方式、情感之美角度进行赏析；小结板块，从篇幅、内容、月色描写等角度进行归纳。

整堂课，教与学不断推进，师生关系极其和谐，很好地实现了教的传递，从而也实现了学的传递。

教的传递性还体现在：老师要关注每一位学生的变化。比方说，课堂上如果最后几排学生积极举手，你没发现，或是你压根没有注意的话，老师和学生之间就会产生隔阂；同时，这也很可能挫伤学生的积极性，甚至伤害学生的自尊心。实际上，这样的现象时有发生。教的传递一定要注意学生跟学生之间互动的传递，学生跟老师之间的情感的传递。所以学生与学生之间的交流、探讨不可少，老师一定要注意教学目光与语言交流。有的老师上课特别善于用眼神，眉目传情，学生感觉特别温暖。为防止只与个别学生在交流，老师的目光要不定时环视教室，让学生感觉到老师的关注。

教的传递性还体现在教学的慢慢渗透。

教学中，当老师想传递一种学习方法时，有时要用归纳法，有时要用演绎法。归纳或演绎，都有其利弊，关键看如何用。课堂上，不断引导与启发学生，最后总结出一种方法，这样是否有用？这样虽然有用，但节奏太慢，反而影响教学质量。上课时，开门见山地介绍一种方法，是否可行？调查发现，教学效果不甚理想，因为学生不乐于接受。从心理学上讲，他们之间缺乏共情。赵谦翔老师执教《曹刿论战》一课时，用讲故事的方式，把读书方法慢慢渗透给学生，巧妙地实现了传递。

师：各位老师、各位同学，大家好！非常感谢大家给我这个机会让我再上一堂语文课。我肯定不是中国语文教得最好的，但我相信我肯定是中国最爱教语文的。《曹刿论战》这节课你们学过了，《论语》里孔子说：温故而知新……

生：可以为师矣。

师：宋朝有两个教育家、思想家，他们俩不约而同有这样一个观点：熟读精思。苏东坡说：旧书不厌百回读，熟读精思子自知。而朱熹的话在这，大家一起来读一读。

生：（齐读）朱熹读书法：熟读，使其言皆若出于吾之口；精思，使其意皆若出于吾之心。

师：熟读精思，朱熹与苏东坡是不谋而合。朱熹在这里把熟读精思的标准细化了。熟读，就是经典文章中的语言就好像从你的嘴里说出来一样；精思，就是经典文章中的意就好像从你的心里说出来一样。做到这两条，这篇文章就不是原作者的了，就是……

生：自己的了。

师：像这样的经典文章能够背诵几十篇上百篇，阅读能力、写作能力就自然上一个台阶了。今天我们就来实验一下，两节课以后，同学们背下来。

如果一开场，赵老师就要求学生"熟读精思"，学生难免会有所抵触，而他以苏东坡与朱熹读书的故事开场，吸引学生的注意力。心理学研究证明，听故事，是孩子的天性，好的故事往往能产生强大的教育力。很多成功的演讲，也是通过故事来感染、鼓动听众的。

三、教的整体性

教学可以选美，也可以赏美，但应是让学生看到整片森林之后，再让他欣赏每一棵树的美，每一朵花的美。只有先有整体，然后再有具体；只有先有宏观的了解，然后才有微观的品读；只有先有面的把握，才有点的欣赏。善于看文章的人一定会把作者的思路摸清楚。摸清思路，强调的就是教的整体性。教的整体性，通俗地说就是让教师带学生进入文本，在文本里来来回回穿梭，让学生对之有一个整体上的认识。

这是黄厚江老师执教《蜀道难》的一段教学对话：

师：现在我们把诗歌的思路理清楚了。现在我们归纳一下，是从哪几个方面写难的？用哪些方法写难？

生：一个是本身的、内在的、直接的。一个是外在的原因，导致了蜀道之难。

生：第一是写蜀道的高和险，第二是写蜀道上行道之人的艰难，第三是通过想象，写蜀道之难的外在原因。

师：说"外在的"不太准确。

生：还有渲染气氛，写出了蜀道之难。

师：作者从蜀道的由来，行走蜀道的感受，蜀道地势之高、地形之险，守道之人等多方面写蜀道之难，这中间有的从正面直接写它的难，也有的从侧面写它的难；综合运用了想象、衬托、烘托等多种手法。大家想一想，李白为什么要把蜀道写得那么难？或者说李白写蜀道之难有什么用意？

……

当学生理清诗歌的思路后，实际上也是整体上体验与发现"蜀道之难"后，黄厚江老师便引导学生思考作者如何来写"蜀道之难"、为何这样写"蜀道之难"。从学生的思考来看，从整体到局部，从语言运用到语文审美，他们的认知很有层次。

教的整体性，从本质上讲，是让学生"入乎其内"（王国维语）。只有先有整体的感知与体验，才能更好地进行局部的审美与鉴赏，才能让学生明白如何写的奥妙，提高其审美和鉴赏能力；课堂才能洋溢语文味，才有其高致的格调。只有先有整体的感知与体验，才能让学生更好地真正走进文本，从文字背后感受到一个个鲜活的生命，从字里行间触摸到人物跳动的脉搏；以此来开拓视野，陶冶情操，美化心灵，振奋精神，实现语文教育的目标。

但是在课堂上，常有这样的提问："这篇课文什么地方最打动你？什么地方最好？"当学生对整篇文章都没有整体把握时，你让他们说好或者不好，不知要他们从何说起呢。

四、教的连续性

一堂好课，教师的教不拘囿于课文，也不拘泥于个别现象，当有一个连续性的过程，换句话说，好课是不断延伸的。要实现教的连续性一定要实现四个方面的延伸：从课内到课外的延伸，从个别到普遍的延伸，从课文到语文的延伸，从语文到生活的延伸。

1. 从课内到课外的延伸

好的课堂不是单薄的，而是丰厚的，它的丰厚体现在教师给予学生的知识、方法是丰富与多途径的，而这一切离不开教师广博的阅读、敏锐的视角、深邃的思想等。高明的教师自身就是一座语文的宝藏，他会提供学生所学之需；必要之时，给学生以巧妙的点拨。

请欣赏丁卫军老师执教《背影》一课的教学片段：

师：从不相见到何时才能相见。一声叹息，两个感叹。说不完的别离，言不尽的沧桑。所以读《背影》要结合当时的社会和家庭背景来读，看屏显。

[PPT出示：《背影》所传达出来的"沧桑感"是沉重的，它潜隐在作品的字里行间。《背影》写的是一个时代和家庭的"大背景"下的人物的"小背影"。（陈日亮《〈背影〉：你读出了多少"背影"》）]

师：1928年朱自清的父亲读到了这篇文章。据朱自清的弟弟朱国华回忆说，当父亲一字一句读完《背影》时，他的手不住地颤抖，昏黄的眼珠好像猛然放射出光彩。父子和解了。

师：这篇文章就读到这里，也许我们真正读懂，也要在我们为人父母之后。台湾作家龙应台这样说——

［PPT 出示：我慢慢地、慢慢地了解到，所谓父女母子一场，只不过意味着，你和他的缘分就是今生今世不断地在目送他的背影渐行渐远。你站立在小路的这一端，看着他逐渐消失在小路转弯的地方，而且，他用背影默默告诉你：不必追。（龙应台《目送》）］

师：建议大家课后读一读龙应台的散文集《目送》，或许会帮助我们读懂《背影》。下课！

凭学生的生活体验与文字自身的再现生活，学生难以进一步理解文字深处的含义，此时，丁老师介入其他解读与背景材料，十分自然地帮学生答疑解惑；同时《目送》的推荐阅读，把学生的学从课内引向了课外。

2. 从个别到普遍的延伸

教学中，学生会有个别的发现，老师一定要抓住时机进行拓展，实现从个别"点"到普遍"类"的延伸。

这是我执教《天上的街市》的片段：

师：为什么写完街市再写牛郎织女，而不是直接写牛郎织女？

生：作者在人间观看天空时，由美丽的明星，想到了美丽的街灯。由街灯想到了街市，街市肯定是非常热闹的、美好的，然后就能想到牛郎织女他们美好的爱情，但是他们的结局是非常悲惨的，他就希望他们能够团聚，能够相见。

师：你接受吗？

生：还可以。

师：为什么不说可以，说还可以？

生：我觉得诗歌在这里表达得比较含蓄。

师：嗯，你的意思是说要具体表达，那是这样写吗，比如：你们快点相会吧，我希望你们两人永远幸福浪漫永久？这么写行吗？

生：不行。

师：一对情侣提着灯笼浪漫地行走，诗贵含蓄，诗歌更多的时候是用形象来表达，而不是直接抒发情感。虽然也有直抒胸臆。

生：天上是个很大的场景，人观天时，由看天慢慢联想到了牛郎织女，后来他看到了流星，更证实了他的想法，我认为是先看这个天，然后再看这个人，那么牛郎织女就是点，天上就是面，我们要先看到面，才能一点一点地看到这个点。

（生鼓掌）

生：我认为作者看流星，由场景的浪漫，然后就联想到浪漫的牛郎织女故事。

生：写牛郎织女在天街闲游，表达了对美好生活的向往，也是作者送给他们的祝福。

师：我总结一下，两个同学从三个角度分析：第一，事理的角度，先看到天上，再看到银河，最后看到流星，符合逻辑；第二，艺术审美的角度，点面结合；第三，文学创作的角度，凸显浪漫主义情怀，这么美的场景，是需要人的出现的。记得马致远的《天净沙·秋思》吗？

生：枯藤老树昏鸦，小桥流水人家，古道西风瘦马。夕阳西下，断肠人在天涯。

师：如果把"断肠人"去掉，诗歌的感觉怎么样？

生：差很多。

师：味道就在哪里？

生：断肠人。

师：著名美学家朱光潜先生认为，写景，不能一味渲染景致，必须掺进一点人的情调、人的活动，诗才显得有生气。再举个例子，杨万里的《宿新市徐公店》情趣在哪里？

生：儿童急走追黄蝶。

师：天上的街市出现了谁？他们干什么？

生：牛郎织女相见。

师：太俗了。他们提着灯笼，在天街闲游。相见或散步浪漫得不足，闲游那味道就出来了。（生笑）

叶圣陶说："知识是教不尽的，工具拿在手里，必须不断地用心地使用才能练成熟练技能；语文教材无非是例子，凭这个例子要使学生能够举一反三，练成阅读和作文的熟练技能。因此，教师就要朝着促使学生'反三'这个目标精要地'讲'，务必启发学生的能动性，引导他们尽可能自己去探索。"当学生有了天街描写特点的发现后，顺势开启他们的能动性，让他们寻找描写的普遍规律，真正实现"反三"的目标。

3. 从课文到语文的延伸

业界流行这么一句话：教语文而不是教课文。意思是，教学时眼睛不能死盯着课文，而要放眼开来，直达语文之道。教课文是教语文的基础，但又要实现从课文到语文的延伸。

请欣赏陈忠樑老师《致橡树》的教学片段：

生：我们小组认为，诗中的"根，紧握在地下／叶，相触在云里……但没有人／听懂我们的语言……"等句写得很精彩，它形象地道出了诗人深沉而不浮泛的爱情观。

……

师：（起立，向主持人示意）刚才大家的讨论很好，也很深入。我补充一点，这首诗是舒婷的名作，表现了诗人不同寻常的爱情观。但有一点要明白，这首诗写在什么时候呢？（生：写在1977年）对，写在1977年，也就是十年动乱刚刚结束不久。当时仅二十几岁的诗人，她渴望自由，渴望爱情，渴望未来；那么，她当时写的诗还比较嫩气一些，是不是？如果今天的舒婷要再一次"致橡树"，我想她可能会对诗中的有些诗句做调整修改，就不会像"这才是伟大的爱情"那么直露简单了（众大笑）。下面请主持人小结一下。

主持人：这首诗写在十年动乱之后不久，诗人用多种修辞方法，形象地表现自己崭新的爱情观；但由于是十年动乱结束后不久，诗人的情感还没有完全现代化，所以，爱情观也还没有完全现代化……（众大笑，热烈鼓掌。）

师：（向主持人表示谢意）你的主持很出色，谢谢你！（主持人含笑走回座位）讨论就此结束，好吗？下面我们试做三个作业：（1）重写一段自读提示，或对自读提示进行一些修改；（2）代今天的舒婷修改一下有的诗句；（3）写一篇短文"读《致橡树》"，赏析一下这首诗。第三个作业放到课后去做。右面两个小组和左边一个小组修改提示，其余的修改诗句。

（生以小组为单位讨论）

语文教学仅仅是理解课文的意思吗？这显然是不够的，但实际上，很多教学浅尝辄止。陈老师在教学中，充分发挥教的主导作用，设计三个语文活动，把课文向"语言建构与运用""思维提升与发展""审美鉴赏与创造"延伸，可谓运斤成风，不留痕迹。

4. 从语文到生活的延伸

"语文的外延与生活的外延相等。"课标指出，语文课程要加强综合性，沟通与其他学科之间的联系，沟通与生活的联系。语文学习，最忌教条主义，也怕纸上谈兵，语文教师之责任当让学生从书本中的语文走向生活中的语文，将书本中所学运用到生活中来，使他们更好地认识生活，走进生活。

请欣赏黄厚江老师执教《装在套子里的人》的教学片段：

师：这（是否沙皇专制制度消灭了，别里科夫现象就没有了呢？）倒是一个让人深思的问题。请哪位先谈谈自己的意见？

生：不能这么说。沙皇制度消灭了，还有其他的专制制度。

生：即使没有专制制度，但旧制度影响下产生的套中人也未必就会绝迹。

师：分析得不错。还有其他意见吗？

生：在我们今天，在我们身边就有许多"套中人"。

师：请具体讲一讲。

生：像我奶奶，觉得什么东西都是旧的好，凡事都要按老规矩，我看她就是一个套中人。

（有同学发笑）

师：请大家看看，这位同学的奶奶是不是一个套中人？

（学生讨论）

生：老师你说呢？

师：我想先听听你们的意见。好，大家不想发言。你们先表个态，我再说说我的意见。

（学生表决：有人认为是，有人认为不是，有人没有举手。）

师：我认为不是。虽然我们首先应该明确，沙皇专制制度的消灭并不意味着就不再有套中人，但我们又必须把"套中人"和思想上有套子的人区别开来。因为套中人，不是一般意义上的守旧，而是一种特定的文学典型，也是生活中一类特定人的代表。大家回想一下他的性格特征就清楚了。他保守，反动，扼杀新思想。好，大家应该清楚什么样的人才能叫做套中人了，同时，也应该知道奶奶是不是套中人。

生：不是。

师：对，同学们应当把套中人和思想上有套子的人区别开来，还要善于抛弃自己思想上的套子。

文学来源于生活，学生的思想触角在黄老师的引导下逐渐指向生活，从而更好地审视生活，将课堂推向了一个高度。

五、教的生成性

孔子讲："不愤不启，不悱不发。"教学之功在于"引导"二字。事实上，很多课堂，老师不是引导，而是引诱，在学生前面挖一个坑，"来，孩子，来，过来"，"噗通"，掉进去一个；"来，孩子，来"，"噗通"，又掉进去一个。这是在干什么呢？他要的不是学生的思考，他要的是他的答案，他要的是幻灯片上给出的那几个字；他要的不是生成，他要的是预设。好的课堂一定是建立在精心的预设之上的，因为只有预设才能让教学内容更适合学生；但好的课堂更是生成的，因为所有的预设都无法预设到所有学生的具体的想法。预设，尽可能地想到学生暴露的问题；一旦出现新的情况，教师一定要及时改变教学方法或调整教学内容。只有如此，才有高质量的生成。好的教学应该是跟着学生走，帮着学生学。老师跟着学生走，才会有生成；牵着学生走的教学，不但不能生成，还会制约学生思维的成长。帮着学生学，方可在生成基础上有进一步的生成，在学习上不断超越。

在一次《"水"的联想》作文课上，发生了这样的故事：

师：我们来看"水……女人……婚姻……成家立业……好好学习……"（手指黑板上一位学生写的联想），这位同学你来解释一下，为什么由"水"想到"女人"呢？

生：因为我觉得女人是水做的，所以我从水联想到了女人。我们长大以后要结婚，所以想到了婚姻。然后又想到了我们要成家立业，因为只有好好学习，才能成家立业。（众生大笑）

师：你的逻辑是：只有好好学习，才能娶得女人，才能够成家立业。这是一个很现实的观点，说出了自己最真实的想法。但是如果我们写文章，写篇文章叫"水"：水，我想到了女人，想到女人柔情似水，于是我想好好读书，讨一个好老婆，然后成家立业。你觉得老师会给你多少分？

生：不及格。

师：为什么？

生：因为这个不怎么像作文。

师：虽然我不赞成你的观点，但是我要维护你说话的权利。

生：因为这个观点不是我们这个年纪该去想的问题，所以老师不会给高分。

师：说得对。那为什么你又想了呢？

生：我也不知道我是怎么想的。

师：为什么？因为这是一个男生本能的反应。（学生大笑）如果站在一个人的角度，是十分有道理的。但是站在文学、作文的角度，我们讲写文章要有格调，相对来说格调就低了那么一点点，对不对？但是你很真实。由此我们讲要联想，由水想到人，这是联想的基本途径。文艺界有这么一句话，"文学乃人学"。我们由自然万物联想到哪里去呢？人！（PPT出示："文学乃人学"）这是我们联想的一个规则。

作文课上，我真没想到学生会由水联想到女人、婚姻、成家立业、好好学习。要置之不理吗？这不符合教育原则。既然学生有了这样的联想，我们得积极面对。怎么办？必须了解学生想的原因。从学生的回答来说，并不无道理。但这样的联想立意不高，于是我灵机一动把话题转向作文评分，让学生来谈分数，学生很快就从立意角度进行思考判断，明白了这样一个道理：联想立意有高低。最后，我也肯定了该生的联想，因为"文学乃人学"，联想不妨联想到人或人生，生成十分巧妙。

第二节 学的"八有"

一、学有所依

学有所依,是指学习需要有依据。

首先,要依据学情,学情决定了学什么。依据学生的认知规律,如果教学对象是儿童,儿童的认知规律是什么?不同年级、不同学段的学生,他们认知规律应该是不一样的。比方说柳宗元的诗歌《江雪》,小学生可以学,中学生可以学。但学的内容应该是有差别的,因为学情不一样。小学生,认得字,知道"钓"字怎么写,把诗歌的大概意思弄懂,也许就可以了。那么中学生呢?是否要挖掘文本的文化内涵、审美内涵等符合中学生认知规律的内容呢?

怀特海说:"在教育中如果排除差异化,那就是在毁灭生活。"对于具体的课堂来说,尊重学情就是尊重教学,排斥学情就是在毁灭教学。课堂教学一定要尊重学情,迎难而上。

宁鸿彬老师在执教《皇帝的新装》一课时,真正做到了尊重学情,迎学生的问题而上。

师:大家发表了不同的见解。你们分别用蠢、骗、伪、假、傻、装、新、心八个字概括这篇课文。那么,这八个字哪个是正确的呢?

生:既然题目的要求是用一个字概括故事情节,那么"蠢、伪、假、傻"这四个字是不对的,因为这四个字说的是皇帝这个人物,是不切题的。

(众生纷纷点头,表示赞同。)

师:完全正确。咱们就把这四个字排除掉。现在还剩下"骗、装、新、心"四个字，咱们使用"检验法"进一步解决。什么是"检验法"呢？就是把这四个字，一个一个地试用，进行检验，能够适合于文中所有人物的就留下，不能适合于文中所有人物的就去掉。

生："新、装"这两个字都不能单独用在课文中所有人物身上。因为一单独用就说不清是什么意思啦。所以，这两个字应该去掉。

师：现在还剩下两个字了，咱们使用"比较法"来解决，怎样比较呢？就是将这两个字分别用于每个人物，比比看，看哪个字更准确，哪个字更能表现出这个故事的特点。

生：我认为"心"字不如"骗"字好。在这个故事中，所有的人物都和"骗"字有关系，有骗人的，有被骗的，还有不被骗的。总之，一个"骗"字说出了这篇课文的特色。

学习必须真实发生，真实发生的逻辑条件就是尊重学情。宁老师不放弃任何一个学生，对他们的问题一一解答；在他的点拨之下，学生有种拨云见日的获得感。

其次，要依据语文课程来学。语文是一门学习语言文字运用的综合性、实践性课程。语文教学的目的是让学生正确理解与运用祖国的语言文字。如果课堂上充斥着音乐，表演着节目，这样的课堂至少不是真正的语文课。

第三，要依照文体。文体不一样，教学内容不一样，教学方法也有异。曾听一老师上《窃读记》，课堂上虽然师生互动很充分，但是课堂味道就是没出来。为什么味道没出来呢？《窃读记》，是写作者偷偷摸摸地读书。它是散文，散文有什么特征呢？余秋雨讲，如果是写人的散文，最好的办法就是提供一个场景，把一个人放在一个场景之中，然后，集聚读者所有的听觉、视觉、嗅觉、触觉，这样人才写得好。上课老师说文章是以时间为顺序写，教学思路确实很清晰，但是很难激活学生的思维。如果我们采取场景推进的方式引导学生，效果会不一样。我们不妨品品第一个场景：她经常去的书店。看看原文中的情景："我跨进书店门，暗喜没人注意。我踮起脚尖，使矮小的身体挨蹭过别的顾客和书柜的夹缝，从大人的腋下钻过去。"教学时，此处就应该让学生品读了。品读为什么用"跨"字，而不用"溜"字呢？

"跨"就写得很自然，很光明正大，我进去是买书的，不是去偷看书的。这样的场景调动视角与心理等集中细节刻画，使人物形象十分鲜活。我们讲，要上出文体味，老师一定要具备一定的文学、文艺的修养，同时也要立足文体，循循善诱。

钱梦龙老师执教《中国石拱桥》时，立足说明文这种文体，循循善诱，很值得学习。

师：是呀，没有了"拱"，那就不成为拱桥了。可见说明事物首先要抓住事物的特点。（板书：抓住特点）下面我们继续讨论。文章说明赵州桥的特点，先写大拱，第二点写什么？

生：（齐）小拱。

师：第三点呢？

生：（齐）拱圈。

师：第四点是——

生：（齐）桥栏上的雕刻。

师：你们看，这四点写得有条不紊。从这里，我们懂得说明事物还要怎么样？

生：按照顺序。

生：先主后次。

师：两种说法都很好。先主后次也是个顺序问题。我就这样写：注意顺序。（板书：注意顺序）你们看，我们从这一段文章的阅读、讨论中，得到了这样的结论：说明事物一要注意顺序，二要抓住特点，三要用词准确。现在我们来阅读全文，看看整篇文章是不是符合说明事物的三个要求。

钱老师始终立足于说明文文体特点，紧扣说明的顺序、说明对象的特点、说明语言等说明文的要素展开教学，让文体意识流淌于课堂。通过说明"这个大拱和四个小拱的位置关系"的活动，让学生领悟"用词准确"。接着通过分析"赵州桥的第四个特点能不能移前"一步步得出结论——注意顺序，抓住特点。然后通过朗读分析"写赵州桥的两段在整篇文章中所起的作用是什么"，进而理解通篇文章结构的逻辑性。最后结语再一次强调"说明"。钱老师以《中国石拱桥》为例，帮助学生认识了说明文，发现说明文的基本要素，提升了说明文阅读能力。

好的语文教学，学生所学一定是符合自己的认知规律的，也一定是语文的。

钱梦龙老师执教的《睡美人》教学片段，可谓是学有所依的典范。

师：你们在课外阅读的时候，碰到不认识的字或不了解的意思是不是就查字典？有没有这个习惯？有这个习惯的请举手。（无人举手）没这个习惯的请举手。（大部分同学都举手）看来大家都没有这个习惯，不过没关系，习惯可以慢慢养成嘛。我再问问大家，你们有没有上网去搜索一些资料，或者碰到什么疑问到网上去求得解答？有这个习惯的请举手。（大部分同学都举手）很高兴大部分同学都有这个习惯。（指一学生）你是怎样上网搜集资料的？

生：上百度，输入关键词，一搜，就能找到一些我需要的资料。

师：有一个"百度常用搜索"（2012年2月已迁移到hao123生活助手平台——笔者注），你用过吗？

生：没用过。

师：它跟百度是两个系统。这是一个很有用的搜索引擎，它有百科辞典、汉语字典、成语词典、英语词典等等，还有很多其他实用的搜索工具。

……

师：现在先请同学们各自把小说读一遍。读小说一般从两个方面入手（板书：理清故事情节、感知人物形象）。首先是了解它讲了一个什么故事；其次看看它描写了什么人物，这些人物具有什么样的个性特征，作者是怎么来描写的。

现在就请同学们自己读，先看看它写了个什么故事。

因为是借班上课，钱老师不太了解学情，故而有"碰到不认识的字或不了解的意思是不是就查字典？有没有这个习惯？有这个习惯的请举手"之问，旨在调查学情，根据学情，钱老师及时调整教学内容，因为学生的学必须依据自己的实际情况而定。

后面的教学内容"读小说一般从两个方面入手。首先是了解它讲了一个什么故事；其次看看它描写了什么人物，这些人物具有什么样的个性特征，作者是怎么来描写的"，立足于语文的本体和小说的特征。钱老师的课，扎实、真实又朴实。

二、学有所思

学有所思是指学习需要思考。吕叔湘说，教师培养学生，主要是教会他动脑筋，这是根本，这是教师给学生最宝贵的礼物。语文课程标准指出，自己分析和反思自己的语文实践活动经验，提高语言运用的能力，增强思维的深刻性、敏捷性、灵活性、批判性和独创性。一堂课就应该要让学生去思考，要有一个质疑、探疑、解疑的过程。

让学生带着问题去思考。当学生阅读时，让学生带着任务，带着问题去读，而不是简简单单地说"同学们，请思考……"，这话等于没说。为什么？要我思考什么呢？学生们一头雾水呀，你得告诉他具体的思考内容。比方说，欣赏一个片段，它在句式上有什么特点呀？修辞上有什么特征呀？这叫思考。有方向的思考才叫真思考，没方向的思考叫无思考。在教学时，教师要学抓关键，以此开启学生思维。

吴丹青老师在执教《咏雪》一课时，就抓住"纷纷"二字，让学生学有所思。

师：前天下了一天的雪，大家都很高兴吧。"白雪纷纷何所似？"（板书）"何所似"的意思就是"像什么"，请同学们说说，纷纷扬扬的白雪像什么？

生：像鹅毛。

生：像蒲公英。

生：像棉花。

生：像棉花糖。

师：刚才同学们的比喻都不错，但都是静态的描写，请注意我的问题是："白雪纷纷何所似？"（强调"纷纷"二字，提醒学生从动态方面展开想象。）

生：像翩翩飞舞的白蝴蝶。

生：像慢慢投入大地母亲怀抱的蒲公英。

生：像随风飞扬的棉花。

生：像天上落下的散冰。

师：不错，很形象。想知道东晋时代的两个小孩子是怎样回答的吗？

吴老师以"白雪纷纷何所似"，触发学生想象，由于有的学生没有注意"纷纷"二字，故而有点离题；但老师继以强调"纷纷"二字，学生顿时醍醐灌顶，思维豁然开朗。

学生思考时，不要急于让学生回答问题。当老师提出问题之后，给学生三到五分钟的思考时间，要学会等待；等待的过程，也是学生思考的过程。

学生思考时，一定要让学生有一段安安静静的学习时间。平时听课时，常有老师在学生阅读的时候，在旁边不断地说、不断地说，这样学生能安静思考吗？这是十分不好的教学细节。佐藤学说得好："教师们往往追求风风火火的课堂，但儿童们并不追求这种表面活跃的教学，他们所要求的是安静沉着、能够拓展自己可能性的课堂。"

引导学生发现教学兴趣点、疑难点，是学有所思的重要体现。我们要认真地阅读文本，在有兴趣的地方或有疑难的地方，要及时引导学生去发现，务必"少告诉，多发现"。布鲁纳指出，与其说是引导学生去发现"那里发生"的事情的经过，不如说是他们发现他们自己头脑里的想法的过程。有了发现，也就有了发现的思考。

实践证明，给学生思考的时间与空间，学生会带给你不一样的惊喜。一次小学语文课堂上，我执教《枫桥夜泊》，学生基础很一般，相当拘谨，不敢言语。待他们放开胆子，自由朗读后，我设计了一个主动提问环节，他们居然提出以下几个有深度的问题：

1. 为什么这首诗叫《枫桥夜泊》？
2. 最后一句为何不是"半夜钟声到客船"而是"夜半钟声到客船"？
3. 作者为什么在姑苏城外寒山寺，而不是在城内？
4. 江枫渔火为什么对愁眠？

尤其是第二个问题是我始料未及的，为何不是"半夜钟声到客船"而是"夜半钟声到客船"？这是多么有意思的发现。在谈论过程中，师生得出这样的认识："半夜"，是指夜很深了，"夜半"是诗家语，很有诗味；"半夜"具有名词属性，让人想到时间停在一个点的静止状态，"夜半"更有时间流逝的动态延续感，夜已半，仍在漫延，正如诗人的愁绪，悠悠荡荡，绵延不绝。这又是多么深刻的思考呢。

在布鲁纳的理论里，学生不仅是一位认知者，而且是一位思想者。通过他们的提问，不难看出，普通学生的思维也可以达到如此高度。作为教师，实现学生"学有所思"的权利，是多么重要。

三、学有所动

学有所动，是指学习要有活动。语文是一门实践性学科，强调口、耳、手、脑的实践，正如皮亚杰所说："儿童自己印刷一些小课文，就能学会阅读、写作和拼法，这和那些一点也不知道他们使用的印刷品是怎样制作出来的学生的方法是完全不相同的一种方式。"语文课，一定要通过相应的活动展开；学生在活动中，不断训练自己的听说读写能力。举个例子，如果文本内容是故事性的，应该让学生在自学之后去复述。要学生复述故事这一活动，旨在培养四种能力：第一，培养他们的记忆力；第二，培养他们的概括力；第三，培养他们的表述力；第四，培养他们认真细心的品质力。这样的活动，是我们语文课堂中极其需要的，千万不要遗漏。

薛法根老师在执教《鹬蚌相争》一课时，是这样设计的：

1. 识汉字"鹬"——形声字，引出课题。
2. 读课文：大声读—轻声读（要流利）—个别读。
3. 学生复述故事。
4. 思考如何写"争"的（通过读的方式展示）。

动作争：啄、夹。

语言争：干死、饿死。

5. 表演读（一读鹬，一读蚌，且要有表情）。
6. 找说话的相同处：今天不（　　），明天不（　　），你就会（　　）。
7. 写一段不让鹬蚌相争的话：
你这只傻（　　）啊！今天（　　），明天不（　　），你们就会（　　）。
记住：（　　）。

当时我在现场听课，发现整堂课学生听、说、读、写活动开展充分，他们的学习十分有效：识字，自然有趣；读课文，不拘一格，丰富多样；复述故事，学生口头表达能力得以训练；通过朗读表现"争"，声情并茂，有滋有味；找说话的相同处，模仿说话，学以致用；写一段不让鹬蚌相争的话，训练写作，也是寻求情景解决问题的办法，更是一种人生观、价值观的塑造。可以这样说，这节课，非常语文；学生，在活动中轻松自然地提高了语言文字的运用能力。

胡明道老师执教《皇帝的新装》一课后，在教学反思中这样写道：

让"知能"线与"情感"线交融并进，贯穿了整个学习过程。本课的"知能"线很明显就是学习品味语言的方法。我摒弃了先讲方法或最后讲方法的传统习惯，而是组织了富有童趣又富有内涵的学习活动，让学生自悟、自撞，教师不时说一句"你们深入到了词、句""这个不起眼的词语还这么有意思呀"或"这么平常的词还有这么深的意义呀"等为后面归纳总结学习方法进行了"过程积累"。

当学生在活动时，教师要有观察意识，在观察中发现，在发现中及时点拨，而不能当甩手掌柜，对之不闻不问。像胡老师那样偶尔的几句鼓励的话、引导的话，可以让学生的活动开展得更充分、更有质量。

四、学有所展

学有所展，是指学习要有展示。课堂上一定要展示学生的学习过程，展示学生学习的结果。目的在于了解学生在展示过程中遇到什么问题，以便老师及时纠正；同时，也树立一个学习榜样，用来见贤思齐。课堂上，不妨让学生展示预习的情况，展示答疑情况，展示学习结果，同时及时纠正学困生的学习不足处。

展示时当让学生看得见、听得着，要对学生有形象上的感官冲击，因而让学生读、让学生写，显得格外重要。说一句很实在的话："没有展示，就没有教学。"展示是看得见的展示，听得着的展示。

优化学的展示，从操作层面来说务必要构建教学秩序。教学秩序，是指教学中，教师有条理地、有组织地安排学生活动以求达到正常的运转或良好的教学的状态。课堂混乱，展示就无法开展；开展了也是一种形式主义，实际上毫无意义。这一切在于忽视了教学秩序的构建，课堂上师生无法正常沟通对话。构建教学秩序，起码要做好以下三件事。

一是学生知道在课堂中应干什么。

教学是一种养成，好的教学一定有良好的养成习惯。这主要体现在，学生在课堂上知道干什么。上课铃一响，学生要保持安静，端正坐姿；课堂上，要拿出书本，准备好笔与笔记本，等等。

二是学生知道在老师发出教学指令后要干什么。

教学是一种执行行为，学生有义务执行老师的学习指令。当老师发出教学指令后，学生应该知道要干什么。比方说，当有学生在朗诵时，其他同学应该认真聆听，不可无所事事或者干与之无关的事；再比方说，当有学生到讲台上去展示时，其他同学应该懂得观察，不可东张西望或者交头接耳。当老师跟学生在交流的时候，其他同学要认真地听；当同学在展示答案的时候，自己也要看着自己的答案。当老师要求学生批注时，学生得批注；当老师要求默读时，学生得默读。学生要学会接受老师的教学指令，师生之间才够心灵默契，课堂教学才会有条不紊。

三是老师要明确教学指令。

要想学生很好地完成教学指令，老师首先得明确学生该干什么，如何干，干多少时间。一位老师执教作文课《我最爱的美食》时，教学指令十分明确：

1. 写一种美食，围绕这一美食的特点，从两到三个方面来写。
2. 注意安排合理的顺序，使用恰当的关联词、提示语。
3. 写 80 字左右的片段，5 分钟内完成。

学生展示前，老师发出教学指令：写一种美食。高明的老师一定会明确这一指令活动：围绕特点写，不要面面俱到，需要注意哪些技巧，字数该多少，时间该多长。

指令明确了，学生的活动才能有效展开，这也为良好的展示提供了充分的条件。当时在现场听课，我认真观察了学生：学生有方向、有目标写作后，展示非常精彩。这节课，在构建教学秩序上给了我深深的启发。

五、学有所帮

学有所帮，首先是指学生对学生的帮。学生对学生的帮，体现于小组学习。老师在课堂上要注意创建学习共同体，倡导小组的合作、交流、讨论。佐藤学指出"合作学习"的意义在于，通过与同学的合作，一个学生能挑战其达不到的水准。合作学习的各种特征，尤其是积极的相互依赖，具有高度的动机激发技能，因为这些特征鼓励以成就为导向的行为。在合作小组中，学习被当作是一种责任和有价值的活动，因为小组的成功取决于大家的学习，小组中的同伴也会褒奖学习。

学有所帮，也指老师对学生的帮，即《学记》里面讲的"长善救失"。"学者有四失，教者必知之。人之学也，或失则多，或失则寡，或失则易，或失则止。此四者，心之莫同也。知其心，然后能救其失也，教也者，长善而救其失者也。"老师宜担起此任。哲学家苏格拉底认为，教师之教学，类似产婆将胎儿"引出"而已，产婆绝对无法"由外往内"地赐给产妇婴儿，却只能"由内往外"将婴儿接生下来。他强调的正是老师对学生的帮：老师只能帮学生"自己"重新"发现"早已存在的观念，或"回忆"遗忘但未曾消失的记忆。自古及今，从国外至国内，教学之"帮"，绝非新鲜术语，而是教学常识。

学有所帮，正如丹纳所说的，产生伟大的作品必须具备两个条件一样：第一，自发的独特的情感必须强烈，能毫无顾忌地表现出来，也不需要受指导；第二，周围要有人同情，有近似的思想在外界时时刻刻帮助你，使你心中的一些渺茫的观念得到养料，受到鼓励，能孵化，成熟，繁殖。学生的学习，好比一个干草扎成的火把，要发生作用，必须它本身先燃烧，而周围还得有别的火种在燃烧。两者接触之下，火势才更旺，而突然增长的热度才能引起遍地的大火。老师与学生的"帮"，恰恰起着这样的引燃与共燃的作用。

范锦荣老师在执教《"书法与中国文化的传承"的综合性学习》一课时，将学生分为6～7人的小组，再将小组分为：

1.调查组：设计调查问卷，了解不同年龄、不同文化层次的人对古代、现当代书法家的认知情况；对电子时代书法的意义、价值、作用的看法。

2.考察组：通过对北京城内的文化名街、名店做实地考察，了解文房四宝的沿革、发展及变迁。

3.资料组：查询有关著名书法名家的书法作品，对其书法作品加以介绍品评；书法流派简介，包含各时期的书法形式，代表书法家，书法名家的典故、为人、书品；或提供自己曾经到过的名胜古迹的墨迹资料。

4.采访组：采访有一定书法修养的学者名家，介绍其经历、对书法的看法、对青年学子的寄语。

5.展示组：由受过书法训练的学生当场挥毫泼墨展示才华，并介绍学习书法心得；其他同学则可自由书写。

学生通过活动在参与中获得能力的培养，在学习共同体的互帮互学下感受到学习的快乐，促进了认知的发展与更高层次的理解，提高了学习的效率。

六、学有所论

学有所论，是指学习要有讨论。贾志敏先生认为好的语文课堂少不了八个字——"书声琅琅，议论纷纷"，"议论纷纷"指的就是学有所论。语文课上就应该让学生交流、讨论、质疑，因为只有这样才有思维的碰撞，才能更好地体现学生的学。讨论要有具体路径，路径必须具体明确，比如，和谁讨论（同座之间，前后之间），讨论什么，讨论多长时间。

在执教《夜归鹿门歌》时，我是这样开展教学的：

师：这位同学读得有板有眼，抑扬顿挫。我把这首歌稍稍做了改动，请同学们看看这样行不行？（PPT出示：山寺钟鸣昼已昏，余亦乘舟归鹿门。忽到庞公栖隐处，惟有幽人自来去。学生讨论5分钟。）

生：不行。

师：为何不行呢？我看挺好的。先看标题《夜归鹿门歌》，"山寺钟鸣昼已昏"点明时间"夜"，"余亦乘舟归鹿门"指明"归"，最后两句照应"鹿门歌"啊。

生：感觉少了点味道。

师：什么味道呢？

生：诗的味道。

师：诗的味道，说得很好。换句话说，被删掉的地方，就是诗歌出味的地方。下面我们一起来欣赏被删除诗句的诗味。

生："渔梁渡头争渡喧"，写出了渡头的喧闹。

师：为何要这样处理呢？

生：为了反衬出山寺的幽静，以动写静。

师：为了写环境的静，我们可以正面描摹，如果通过动来写静，也有异曲同工之妙。比方说"蝉噪林逾静，鸟鸣山更幽"。这里，难道仅仅是用动来反衬静吗？

生：不是。别的我不知道了。

师：让我们一起来读读这两句诗。什么地方要重读？

生："喧"。

师：为何要这样处理呢？

生：一个"争"字表明了世俗之人的争名夺利，一个"喧"字描写出尘世的喧闹，这样的情形跟山寺的静形成对照，可以隐隐约约地感觉作者那种超脱的情怀。

师：那为何"人随沙岸向江村"不能删呢？我们先来读读，什么地方要强调重读？

（学生齐读）

生："江村"和"鹿门"，因为有突出强调的作用。世人回家，而诗人离家去鹿门，两种不同心情对比，表明了作者的隐逸情怀。

学生在讨论中展开学习，简化了教学环节，学生的学格外显著。

讨论时要积极发挥小组合作的作用，每组选一名代表组织讨论，各组之间互相点评；讨论不能走过场，老师要参与其中。讨论，不仅指学生与学生之间的讨论，也包括师生之间。讨论时要确保内容充实，口气谦和，平等以待。对于讨论结果，老师要及时点拨、引导、评价。

七、学有所得

一堂课到底好不好，我们不拘囿于看老师教得好不好，主要看学生到底学到了多少。孙双金老师特别强调，好课让学生经历不知到知的过程，经历由不会到会的过程，经历由不能到能的过程，让学生的思维和情感经历"山重水复""柳暗花明"，体验"豁然开朗"的快乐。由于学段不一，学生收获的要求有异。如果执教小学课文《渔歌子》，学生学了40分钟，连27个字还背不下，教和不教，有什么区别呢？从小学学段来讲，我们讲学有所得，应该有四个方面的要求。第一，积累语文知识，识字、写字不可少。第二，美的文段，或者文章让学生背下来。语文课，不仅要朗诵，更需要背诵。我们之所以能说话，能写文章，就是因为我们记了许多东西。在课堂上一定要背优美的词，优美的文段，甚至是整篇整篇的文章。第三，提高学生的听、说、读、写能力。一堂课要训练学生不断地说，认真地听与读，适当之时还要写一写。第四，提升人的境界。这要挖掘语文课的人文功能。语文课如果仅仅停留在语文知识的传授上，这必定是枯燥的，应该让学生参悟、学习从文字里生长出来的智慧；语文课只有上升到文化、文学、人生的层次，才是有高度的课；好的语文课亦是有境界的课，努力实现师生共同的成长；从一般角度上说，学有所得至少有三个方面的提升：知识的提升，素养的提升，情感态度价值观的提升。

从实现学有所得的目标来说，"发现问题—思考问题—寻求方法—解决问题—提炼方法"，是一条理想的途径。学生发现问题后让学生自我思考，或者老师帮着思考，在思考的过程中寻求方法，让学生自行去解决问题，最后让学生归纳总结方法。围绕问题展开教学，是学有所得的最佳手段。

这是我执教作文课《在情景中细描人物》的教学片段：

师：请找出第二处不协调的地方。

生：抱不动曾孙子。

师：写抱不动，还是写她抱？

生：抱。

师：写她抱却抱不动才感人，怎么抱的？

生：她向偻着身子、急匆匆、亲。

师：能不能找出第三处不协调的地方？

生：她将孩子亲个不停，孩子却害怕得大哭大嚷。

师：我有一个疑问，那到底是写奶奶亲，还是写曾孙不让亲呢？

生：写亲。

师：如果孙子让她亲，感不感人啊？

生：不感人。

师：为什么？

生：这很正常。

师：那么曾孙为什么不让亲？如果从观众心理来讲的话，这是让人很不喜欢的。这老太太很讨人嫌，曾孙不让她亲，她却亲，但恰恰在不让她亲当中突显出什么？

生：奶奶的爱。

师：那么如何来写奶奶亲的呢？

生：拉着孩子的手亲。

师：亲了之后，她怎么样的？

生：乐呵呵的。

师：这里一定要写一个对比，曾孙不让亲，孩子是怎样的，有一个词——

生：害怕。

师：还有……

生：缩。

师：奶奶的"乐呵呵"和曾孙的"大哭大嚷"形成了鲜明的对比，奶奶的爱就在这样的情节之中表现出来。要在不协调的情况下，冲突的情况下，矛盾的情景中，描写人物的语言、动作、神态、心理。

此节课，学生在发现"不协调"这个"问题"中不断思考，不断总结，教学效果十分明显。

八、学有所让

"让"就是达到叶圣陶所讲的"教是为了不教"的目的；也是德国哲学家海德格尔所说的，让学生自己去实践。老师不宜自诩为太阳，要善于推开门窗，让学生到自然中去拥抱太阳。

请欣赏蒋军晶老师执教《整本书阅读：〈城南旧事〉》的片段：

师：最后一个词"冬阳"要你们自己去阅读，自己去研究。

师：小说中是怎么描写"冬阳"的？我梳理了一下，有这样的描写——

（PPT出示：冬天快过完了，春天就要来，太阳特别暖和，暖得让人想把棉袄脱下来。）

师：也有这样的描写——

（PPT出示：太阳从大玻璃窗透进来，照到大白纸糊的墙上，照到三屉桌上，照到我的小床上来了。我醒了，还躺在床上，看那道太阳光里飞舞着的许多小小的，小小的尘埃……）

师：林海音为什么要把"冬阳"作为关键词拎出来，放在题目中，而且是题目里三个词语中的第一个？你们回去再读读小说，想想看。今天就上到这里，同学们再见！

好的教学当有留白处，教学留白就是学有所让的体现。苏轼谈到他的散文写作时说："吾文如万斛泉涌，不择地而出。在乎地，滔滔汩汩，虽一日千里无难；及其与山石曲折，随地赋形而不可知也。所可知者，常行于所当行，常止于不可不止，如是而已矣。"常止于不可不止，便是一种让学。课堂接近尾声，蒋军晶老师，以自我解决问题的方式，给课堂留白，实际上是放手让学生自己去实践。学生自己去实践了，教学的目的也就真正实现了。

第四讲

教学磁场

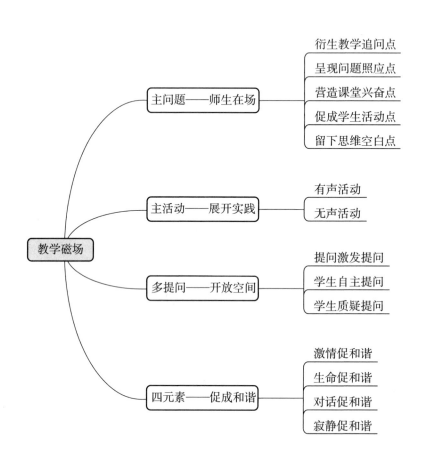

磁场，借指有巨大吸引力的场所，好的教学是有磁场的。格式塔心理学家认为，像电场、磁场、引力场一样，人类的心理活动也有一个场，即"心理场"；同理，教学中，也有一个场，即"教学磁场"。课堂上，有一种东西吸引着师生，让教学相谐，使它们不可分割，相互吸引，形成一种场，这种场就叫教学磁场。帕克·帕尔默说，在完整的、不可分裂的自我中，编织一张如此具有凝聚力量的网，用于把学生、学科和自我统统编织到一起，每个人生活经历的每个重要线索都得到尊重；一个老师的天赋是与他的学生共舞的能力，是共同创造一个我们大家都能亦教亦学的脉络情景。这张教学网抑或这个脉络情景，就是一种教学磁场，它为实现教学合一提供了有利条件，正如帕克·帕尔默所说，如果老师对学生本性保持着一种开放、信任和期望的态度，就可长久发挥这种与学生共舞、相互吸引的天赋的作用。教学中，教师一定要善于营造磁场：教师的教转化为学生的学，学生的学促进教师的教，师生置身其间，享受课堂的情趣与理思。教学磁场的营造离不开四大内容：教学主问题，教学主活动，学生多提问，教学四元素。

第一节　主问题——师生在场

一次听一节市级优质课，执教者连续抛出十多个问题，问题零碎、肤浅，弄得学生茫然无措，教学效果可想而知。教学过程是一个有机整体，有开始，有发展，有高潮，有尾声。整个过程是一个思维的过程，各个环节不可割裂。好的教学恰如一个具有极大吸引力的场，教学中的"主问题"，便是吸引学生的重要抓手。

余映潮说，"主问题"是相对课堂教学过程中那些零碎的、肤浅的、学生活动时间短暂的应答式提问而言的，它是指对阅读教学过程起主导作用、起支撑作用，能从整体参与性上引发学生思考、讨论、理解、品析、创造的重要的提问或问题；"主问题"是阅读教学中立意高远的有质量的课堂教学问题，是深层次课堂活动的引爆点、牵引机和黏合剂，在教学中显现出"以一当十"的力量，具有"一问能抵许多问"的艺术效果。西方学者德加默曾说："提问得好即教得好。"

在这里，请允许我举一个例子。《永遇乐·京口北固亭怀古》因其用典较多，学生理解起来难度颇大，于是许多老师采取梳理典故的方式（问词几处用典）引导学生进入诗歌，这样的教学思路虽清晰，但缺失思考的支点，无法点燃学生思维。我在执教此课时，从最后一句"廉颇老矣，尚能饭否？"入手，问作者为何发出如此长叹。问题一出，一石激起千层浪，学生迅速阅读文本，开始探究。

有学生说，江山依旧，像孙权、刘裕这样的英雄已不在，故长叹。有学生说，当权者韩侂胄贸然出兵，让人长叹。也有学生说，当时老百姓已经忘记了国恨，不得不使人长叹。整节课始终围绕一个主问题展开，学生处于积极的思考状态，收到了较好的教学效果。

好的主问题设计立足于学生的自主思考，而不是让学生被动接受。教学当从思维着眼，重在启发、引导，带领学生走向学习的大海。

"主问题"，可以衍生教学追问点、呈现问题照应点、营造课堂兴奋点、促成学生活动点、留下思维空白点。在教学中巧妙的"主问题"设计可以精简教学过程，激活学生思维，唤起学习兴趣，从而营造教学磁场。

一、衍生教学追问点

"主问题"提出后，不能仅仅追求满足一个正确答案，还要灵活地抓住学生回答过程中的"有利因素"，相机进行启发，形成追问，使学生思维更深入、更开阔，获取更多的信息和知识。

余映潮老师在执教《祥林嫂》一文时，设计了一个"主问题"："有人说，祥林嫂是一个一生都没有春天的人，你认为呢？"学生通过文本的研读，探究发现：死丈夫于春日，被抢于春日，被逼再嫁于春日，离开人世也于迎春之日。接下来余老师追问："祥林嫂的一生为什么没有春天？"当学生解答此问后，他接着追问："作者为什么要塑造一个一生都没有春天的人？"

不难看出，余老师设计的这个"主问题"高屋建瓴，起着"牵一发而动全身"的作用，迅速衍生出两个小问题形成追问，从而科学有效地启发学生与教材进行深入对话。

我在备《再别康桥》时发现这首诗既然是离别之诗，却以乐景来写哀情，这是有别于第一单元其他诗歌的，于是我设计了一个"主问题"："请大声朗读诗歌，说说诗歌抒发了作者怎样的情感。"

学生回答："离别的伤感之情。"

于是我追问道："请同学们说说作者笔下康桥的景色有什么特点。"

学生回答："美丽。"

我接着追问："既然是写离别之情，为何描写美丽之景呢？"

有学生回答："是因为它们太美了，那里寄寓了作者太多的美好情愫，所以，作者才不舍得离开。"

我趁机点拨："那么这样的写法叫什么艺术手法呢？"

学生答道:"反衬。"

最后我总结道:"是啊,是反衬。王夫之说:'以乐景写哀,以哀景写乐,一倍增其哀乐。'作者把康桥描写得越发美丽,就越能体现作者的依依不舍之情。"

赏析作者以乐景写哀情的艺术手法,确定为本节课的教学重点,但我并没有直接说出来,而是通过"主问题"衍生出追问,让学生真正动起来,使他们亲近文本,从而很好地进行教学对话。

"主问题"要想衍生出追问,老师一定要寻找课堂教学的切入点,让"主问题"形成一个磁场,在这个磁场里,学生的思维深深被吸引住,追问方能有效。

二、呈现问题照应点

"主问题"不是独立的,它们是一个整体,它们之间要前后照应,形成首尾呼应、相得益彰之美。牛锡亭老师说:"问题设计的目的是把课文中的知识点串在一起,形成一个'知识链',通过教师的引领与学生的'自主、合作、探究'形成了一个知识网络。这样的问题设计对训练学生的积极思维,加深对文本的理解和认识,培养学生的悟性与灵气是大有裨益的。""主问题"设计就是要让各个"主问题"串联起学生的思维,形成一个磁场,让学生与文本积极对话,从而有效实现课堂教学。"主问题"设计能呈现出问题照应点,那么问题设计才体现出层次性和有效性,否则就是或深或浅,甚至是随意的不符合学生认知层次的问题。

例如我在备毛泽东的《沁园春·长沙》时,设计了三个"主问题":
(1)作者在何种情景之下发出"问苍茫大地,谁主沉浮"的喟叹?
(2)作者为何要发出如此喟叹?
(3)"谁主沉浮"中的"谁"是指"谁"呢?

这三个问题环环相扣,前后照应,紧紧抓住"谁主沉浮"这个词眼贯穿三个"主问题",很好地启发了学生的思维,让他们从整体上去理解诗歌,感受诗人的伟大胸怀和抱负。

只有心中有全局，从整体出发，教学主线清晰明了，"主问题"才能前后照应，相映成趣。

三、营造课堂兴奋点

营造课堂兴奋点是学生思维活跃，积极参与课堂，充分体现学生主体地位的表现，也是科学有效实现语文教学对话的重要途径。语文课程标准指出，"阅读教学时学生、教师、教科书编者、文本之间的多重对话，是思想碰撞和心灵交流的动态过程"，营造课堂兴奋点，它能掀起课堂教学高潮，积极促成对话，从而更好地促进教学有机交融。

如在执教《雨巷》时，我设计了一个"主问题"：

作者在诗歌第一节中说，"我希望逢着一个丁香一样的结着愁怨的姑娘"，而在最后一节，作者却说，"我希望飘过一个丁香一样的结着愁怨的姑娘"，这是为什么呢？

同学们热情高涨，快速进入文本，探究其原因。有同学从意象角度解释，有同学从主题角度进行观照。经过认真分析，学生发现那是作者对理想追求的一种失落却又抱有希望的矛盾彷徨心理。

营造课堂兴奋点，学生的生活体验被激活，创造力被激发，智慧的火花被点燃，我们可以真切地感受一种情感的激荡、思维的碰撞、智慧的交锋。老师要认真研读文本，从趣味的角度、启发思维的角度，提炼"主问题"，让课堂高潮一浪胜过一浪。

四、促成学生活动点

语文是一门实践课程，语文教学要立足于学生语文实践活动的设计与创新。余映潮老师说："主问题设计，要有利于课堂教学上'大量的语文实践'活动的开展。"他在执教《陌上桑》时设计了一个主题："展开想象，增补一些情节，把这首诗改写成一个故事。"

这样的问题，让学生充分展开想象，很好地实践着语文活动。

我在备梁实秋的《记梁任公的一次演讲》时，注意到这是一篇写人的散文，并且是让读者在一次演讲中感受梁启超的风采和神韵，于是我设计了一个"主问题"：认真阅读文章，请模拟梁启超先生的那次演讲。

课堂上，同学们迅速阅读文本，广泛交流；待认真研读梁启超的语言和动作还有神态后，大家推选一位代表上台去模拟梁启超的演讲。该同学在台上手之舞之足之蹈之，或掩面叹息，或破涕大笑，梁启超先生的形象如在目前。那节课同学们收获不少，尝试到了活动的愉悦。

只有目中有学生，"主问题"设计围绕学生的活动展开，才能达到语文课堂教学的高层次境界。

五、留下思维空白点

留下思维空白就是留下让学生思考的余地，让学生有所问，有所思。若老师把所有的问题都问了，学生就无法发挥他们的主观能动性。卢梭说："教育的问题不在于告诉他一个真理，而在于教他怎样去发现真理。"设计"主问题"时，有些疑惑之处，就是要让学生去发现去解决，换言之，"主问题"不能问得太满。肖家芸老师说："太满了，这不是教学的智慧。"所以，"主问题"要比较适中，问得不那么"满"的课才是好课：要有所问，有所不问；有所动，有所不动。否则课堂就成了"满堂问"了。刘湘玉老师曾对我说："'主问题'设计的最高境界是无问！"我想，此处的"无问"，就是让学生去思维，留给学生无尽的思维空间吧。

例如我在为备巴金的《小狗包弟》查阅资料时，发现很多教学设计开始就对文章开头小狗和艺术家的故事进行探究，大家都设计第一个"主问题"：作者写第一段艺术家和狗的故事，有何作用？虽然从表面上看，教学思路简明清晰，但学生的思维并没得到训练，学生对后面作者忏悔的理解就不会透彻和深刻。这个故事是作者匠心独具之处；若删除此故事，文章的魅力就会大打折扣。于是，我设计了四个"主问题"：

（1）小狗包弟是怎样的一条小狗？

（2）包弟的命运如何？

（3）包弟从来到作者家至被送上手术台的过程中，作者的心情是如何变化的？

（4）你是如何来评价作者的心情的？

四个"主问题"中我只字未提艺术家和小狗的故事，但课堂结束前，一学生有了疑问，她说：老师，开头那段话有什么作用呢？

此时，我启发道：开头段，在结构上有什么作用呢？

学生回答：引出我和小狗包弟的故事，起着铺垫的作用。

于是我又问：开头段，讲了一个什么样的故事呢？

学生答：在"文革"时期，人情冷淡，小狗对艺术家不离不弃的故事，说明当时的人还不如一条狗重情重义。

我说：同样是"文革"时期，当作者遇到麻烦的时候，他是怎样对待小狗的呢？

学生答：把狗送上了手术台。

我接着启发：这说明了什么？

学生兴奋地说：通过狗的无私、忠诚、勇敢来反衬作者的自私、胆小，更能让作者懊悔不已，精神上遭受折磨。

"深山藏古寺""踏花归去马蹄香"是写作上的留白艺术，"主问题"设计故意留下"漏洞"，让学生去发掘，就给学生留下了思维空白点。这样整个教学"主问题"又被串联在一起，形成强大的教学磁场，释放出吸引学生的思维力。

总之，"主问题"设计能形成追问，能相互照应，能掀起高潮，能为学生安排充足的活动，能留给学生思维的空间，使师生之间有一种在场感。

第二节　主活动——展开实践

　　语文实践是长期以来语文教学经验所积淀形成的"语文学习之道"，它是通过听说读写、观察、思考、感悟、体验、质疑、探究等系列活动指导学生有效学习和正确地运用语言，也是语文教学的基本方式。它是针对传统的灌输、重教轻学、重结果轻过程的状况来说的，旨在促进学生主动学习、学会学习、创造性学习和享受学习。

　　在平常教学中，老师们往往忽略了语文实践。阅读相关论述，发现不少老师大抵认为有以下几种原因：一是老师过多的"讲"和"问"及一些非语文活动占据了课堂，占用了学生语言实践活动的时间；二是远离文本，学生不着边际地纷纷议论，取代了学生的个人阅读实践；三是语言学习意识淡薄，注重内容的分析，忽视了语言文字的训练，使学生不能有效地在语言实践中积累、模仿、创造性地运用语言及其表达方式，以至于语言表达能力很难提高。

　　主活动即课中主要活动，指的是"在教师的指导下，学生在课堂上充分地占有时间，进行有形式也有内容的学习语言、习得技巧、发展智能、训练思维的操作演练"。它为学生营造一个活动的磁场，让他们在场内进行语文活动的实践。主活动设计必须依托文本，让学生贴着文本说话，既要读懂文本，也要欣赏文本，更要再现文本，由此训练学生的听、说、读、写能力，从而提高他们的语文素养。

　　余映潮老师说，语文活动，在很大程度上，是将老师在课堂上要做的事，化解为细腻的操作步骤，让学生去试做，去进行，去完成；可以说，学生充分的活动，是高层次的教学境界，是语文教师近乎全部教学艺术的集中体现。语文主活动可分为有声活动与无声活动。

一、有声活动

有声活动是文本的再现,是言语活动的具象化;它包括演讲、辩论、朗读、复述、讨论等活动。有声活动让学生既入乎其内,又出乎其外,使文本"死去活来"。

比如在执教闻一多先生《最后一次演讲》时,我要求学生模仿闻一多先生演讲,看谁演得像。学生们纷纷走进文本,细读描写闻一多先生演讲的段落。由于大家读熟了文本,咀嚼了语言,表演起来活灵活现,极富艺术感染力,闻一多先生的形象如在目前。

再比如在执教《雷雨》时,我要求学生展开辩论:周朴园到底爱不爱侍萍?学生揣摩文段,批注阅读,静心思考。有学生分别从男性角度、家长角度、资本家角度阐述了观点,颇有深度。

此外,在写作教学中,学生主活动也不可小觑。写作教学中的有声活动,主要体现为读与评。

张化万老师在执教作文课《我——鸡蛋》时,充分开展读评结合的有声活动,及时生成。

师:你在批的时候,有没有发觉写得特别好的文章,想推荐给大家?

生:我的题目是《我——鸡蛋》。(读文)一天,我被主人塞进一座用海绵做的小房子里,憋得我透不过气来。

师:哪一句比较好?

生:透不过气来。(继续读文)房子外面套了一只塑料袋,系在一个降落伞下面。我想:该不会把我当做跳伞运动员,让我从几十米高的地方跳下去吧?哎,我还不想死呢。于是,我撞撞海绵,对小主人说:"不要把我从高空摔下去。"

师:是"要求"小主人,还是"乞求"他?

生:是"恳求"。(继续读文)可小主人装作没听见。于是,我又喊:"救人一命,胜造七级浮屠。如果你救我一命,我会让你升到八级浮屠的。"(众生笑)可是,我喊来喊去,就是没有用。

学生完成作文后，教学该如何办？张老师机智地将读与评结合起来，以学生的作文为例子进行现场评点；学生读，学生评，老师及时穿插讲解，收到良好的教学效果。

二、无声活动

无声活动主要包括归纳概括、品读、批注、迁移编创、揣摩欣赏等活动，它需要学生认真思考、用笔勾画圈点、用心感受、用文字创作。

余映潮老师在执教《泥人张》时，就设计了概括活动：

1. 请同学们分别从内容、情节、人物、主题的角度对课文进行概说。
2. 活动方式：请自选一个话题，用百字以内的文字，进行课文概说。
3. 教师示例从"内容"的角度来概说：

一个雨天，天庆馆里，面对海张五的取笑，泥人张捏出了"一脸狂气"的海张五头像进行"回报"。第二天，泥人张大批"贱卖海张五"泥像。三天后，海张五将泥像连同泥模全部买走。

这里的概括训练，从内容、情节、人物、主题的角度进行概括，可谓角度丰富；同时，张老师也给无声活动训练提供了一个范例：（1）活动要具体可行，从什么角度展开，多长时间，多少字，等等；（2）教师最好做个样子，让学生们看到。

当然，有声活动与无声活动常常是交叉进行的，比如概括后再解说，概括与解说结合在一起；有声活动将无声活动用声音和动作表现出来，两者相得益彰。

第三节 多提问——开放空间

教学磁场是开放的，不能拘泥于教师设计的问题或者活动；以发现问题为开端，让学生在课文预习里尽情思索、提问，以此创设自由开放的课堂。多提问，创设开放空间，这无疑是执教者的一次自我挑战，然而只有这样自由生成的教学才是立足于学情的真教。多提问，体现在用教师的提问激发学生的提问，让学生自主提问，学生质疑老师的提问。整个教学都被问题深深吸引，学生帮学生，老师帮学生，营造一种浓厚的探究氛围，开放了师生在场空间。

一、提问激发提问

在教学中，教师提问的目的是为了让学生来解答；若学生只停留在一一解答教师的问题，这并不是理想的提问效果；好的提问是，用教师的提问激发学生的提问，促进学生的思考，让学生提出高质量的问题。教师提问是催发剂，目的在于引燃学生的思维，使之向学习的深处开进。

胡明道老师执教《皇帝的新装》时，用教师提问开启学生提问，学生提问十分精彩。

师：我怎么听出了"扫兴"的味？这个故事听过吗？看过吗？

生：听过。看过。

师：（出示安徒生画像）这就是作者安徒生。

师：那今天还学什么呢？你们有什么问题，有什么建议吗？

生：今天再学《皇帝的新装》有什么意义呢？

生：安徒生为什么要写这样一个故事？

生：这个故事今天对我们有什么启示？

《皇帝的新装》这个故事，学生早已读过，听过。那如何展开教学？胡老师以"那今天还学什么呢？"发问，学生便提出了三个有质量的问题。

第一个问题很有价值，读这个熟悉的故事的文本究竟还有什么意义？解决这个问题就解决了真学的问题。第二个问题问得很有深度，涉及了作者的创作意图，读懂意图，也就读懂了故事。第三个问题将阅读和生活联系在一起，语文学习要向生活延伸，很有思维意义。

吕叔湘先生强调在各种各样的教学法之上有一个指导原则——因势利导，对基础好的学生是一种教法，对基础差的学生是一种教法。胡老师用自己的提问激发学生的提问正是"因势利导"的体现。胡老师顺着学生的学情而提问，问题从实际教学出发，真实生成。

二、学生自主提问

提出问题是思维生成的起点，探究问题是学力生成的途径，解惑释疑是语文素养和人文品格生成的法门。例如我在执教《天上的街市》一课时，引导学生从标题与词句的赏鉴入手，不径言牛郎织女之传说而先领略天上街市之瑰奇，不直言诗人所处的社会现实之衰而先详述诗化的天街之阜盛祥和，适时予以知人论世的点拨，在诗化的虚境与苦难的现实对比中，让学生疑窦丛生，从而寻求迷津，明确题旨。

请欣赏教学片段：

师：这是一篇没有预习的新课文，我想请四个同学抄写这首诗，其他人在下面自由读，读完之后提出自己不懂的问题。

（四位学生上台抄写诗歌，其他学生开始预习。）

生：为什么把"流星"比作他们提着"灯笼"在走？

师："流星"和"灯笼"有什么相似性？

生：都是亮的。

生：还会动。

师：这从修辞上叫什么？比喻修辞，作者通过联想把两者联系起来，诗歌里既有想象，也有联想。（板书"联想"）

……

生：他写着天上的街市，为什么写到了牛郎织女？

师：我觉得这个问题问得太好了。在解决这个问题之前，我们还要解决"为什么要写街市"这个问题。我们学过一则童话，卖火柴的——

生：小女孩。

师：当时第一根火柴一划，小女孩眼前出现什么？

生：温暖的火炉。

师：为什么是火炉？

生：因为她当时太冷了，她渴望获得温暖。

师：牛郎织女能相见吗？

生：不能。

师：一年只能见一次。他为什么要这样说？

生：希望牛郎和织女能够常相见。

师：那么我们再来思考一下，作者为什么要牛郎织女相见呢？

生：是美好的向往。

师：言下之意，郭沫若同志对美好生活的向往和追求，与小女孩对火炉的向往是一样的。郭沫若何许人也？

（生读郭沫若的简介）

师：这个要记下来的，他有一部诗集叫《女神》，里面有一首诗叫《上海印象》，其中有这么两句诗："游闲的尸，淫嚣的肉""满目都是骷髅，满街都是灵柩"。虽然这是夸张，但却反映出怎样的现实生活？

生：残酷的，黑暗的，恐怖的。

师：20年代的中国就是这样一种现实，作者写作此诗，反映出对光明生活、幸福生活的渴望。在郭沫若写给郁达夫的信里，他说他想过一种和平的、沉静的生活。解决好这个问题，我们再解决为什么写了街市后，要写牛郎织女。

课堂里，学生提问如天女散花、漫天画龙，但这些问题却是学生需要解答的，他们充满了期待，于是他们静候着答疑，学生的问题让师生之间紧密地联系起来，无形之中产生一种吸引力。老师释疑提纲挈领、曲径通幽，思维的逻辑与文本脉络契合，于是欣悦里的哲思，碰撞中的智慧，流淌着的文采，在思维纵横交错自由舒展的枝桠里，盛放一树繁华。故而整个课堂探究波澜迭起，建瓴走坂，如花间莺语，如珠落玉盘，如长河入海直奔尾闾之窟。

三、学生质疑提问

课堂上，老师故意提出一个不成熟的甚至是不确切的问题引发学生的质疑，以退为进，从而加深学生的理解，以此培养学生的批判思维。

钱梦龙老师在执教《论雷峰塔的倒掉》一课时，以退为进，让学生质疑，课堂生成非常精彩。

生：作者小时候以为雷峰塔底下压着白蛇娘娘，所以希望它倒掉，是可以理解的。可是后来看看书，知道塔下并没有白蛇娘娘，为什么"仍然不舒服，仍然希望它倒掉"？

师：我知道，这个问题对你们来说，也是并不太难的。你们想，作者小时候希望塔倒掉，是出于一种什么心理？

生：小伙子的同情心。

师：那么长大以后呢？又是出于一种什么心理？

生：希望封建势力垮台。

师：是呀。你们想，这时候的雷峰塔在作者的心目中，仅仅是一座普通的塔吗？是不是还有一些别的含义？

生：雷峰塔是封建势力的象征。

师：为什么雷峰塔能够象征封建势力呢？所有的塔都会有这种象征意义吗？

生：雷峰塔本来是一座"镇压的塔"，而封建势力就是压迫人民的，所以能够象征。

生：老师，我认为你的问题提得不够确切，鲁迅用雷峰塔象征封建势力，也不过是借题发挥，因此没有必要问别的塔有没有这种象征意义。

师：（惊喜）太好了！太好了！谢谢你的指正，我提这个问题是有些多余，现在我申明取消。（笑）的确，作者用雷峰塔象征封建势力，是借题发挥，未必是作者真的跟一座塔有什么过不去。再进一步说，雷峰塔的象征意义还可以扩大到一切压迫人的反动势力，这样理解，文章的意义就更深广了。

美国菲利普·W·杰克森在《什么是教育》中说，所有的老师都会将自己所知道的知识与学生分享，他们希望学生能够接受他人的思想；对学生打断授课、意外提出的问题感到愉快。钱老师让学生质疑自己的提问，无疑在创设这样的反对和异议的环境，让学生自我构建他们的思维。

第四节 四元素——促成和谐

有没有一堂真正的好课让时间为之驻留,心灵为之震撼?有没有一堂真正的好课让流年为之停歇,让生命为之沸腾?帕克·帕尔默说,真正好的教学不能降低到技术层面。真正好的教学应是和谐的教学,真正好的课堂应是和谐的课堂。只有和谐,才能营造出教学磁场。和谐的课堂,我们欣赏激情澎湃、慷慨激昂的歌唱;和谐的课堂,我们感受个性飞扬、生命拔节的力量;和谐的课堂,我们倾听心灵交汇、精神交融的声响;和谐的课堂,我们赏阅动中有静、生机盎然的景象。

一、激情促和谐

激情是语文课堂绚烂的风景,它轻叩学生心灵的小门,挥洒青春的画笔,江南烟雨、塞北风情,镌刻在课堂的幸福时光中。激情好似大江呼啸奔流,卷起思想的白浪,它又如山峦起伏连绵,在云涛雨雾里舒展。激情是一首奔放跌宕的歌,无须修饰,在真性情的感召下,走进学生的内心,用老师的激情唤起学生的激情,在心灵碰撞中,或有低吟的浅唱,也有仰天的豪情,亦有红了樱桃绿了芭蕉的忧伤。走进激情,便走进了内心,走进了别样的风景,走进了深刻的记忆。帕克·帕尔默说:"给我印象最深的是这样一个导师,他似乎打破了优秀教学的每一条'规则',他讲课是那样富有激情,讲很多内容,以至于不给学生留一点提问和评论的时间。他博学多才,很少听学生们的想法,不是他看不起学生,而是因为他那样热衷于以他所知的唯一一种方式教学生——分享他的知识和热情。他的课基本上是独角戏,而他的学生只有扮演听众的份儿。这听起来像是教学噩梦,但那时我搞不清是由于什么原因,我被他的教学强烈地吸引了——真的,他改变了我的一生。"

镜头一:第二届全国中学语文教师基本功大赛授课现场,我执教《麻叶洞天》。

课堂上学生交流最让他们感动的语句。

我说道:"'蛇伏以进,背磨腰贴,以身后耸',我想起了徐霞客攀绝壁,涉洪流,有险必探,有洞必入的情景。他横穿云南,他漫过三湘四水,他走过戈壁荒漠,大半个中国留下他前行的步伐。猛虎吟啸,毒蛇出没,那份艰辛、那份凄苦非常人能煎熬啊。'蛇伏以进,背磨腰贴,以身后耸'是一位五十岁的老者探险麻叶洞的一个缩影,永远被定格在他敢于探险、科学求实、不畏艰难的精神丰碑上,'吾守吾常,吾探吾胜耳'也许是一位勇敢的探险家内心深处最洒脱的表白和天地间最掷地有声的宣言,我仿佛感觉他的内心在燃烧,他的生命在奔涌,他的精神在升腾。"

课堂上,我慷慨激昂、热血沸腾,用自己的激情诠释语文,演绎自我。课后,老师说我的激情给他们留下了深刻的印象,有学生说,这节语文课太震撼了。

美国著名教授理查德·威伍说:"想要教好的教师可能在大多数情况下都是志向更高和激情奔放的。伟大至少一部分出自天赋,这是无法传播的。然而,伟大的教师一定是有激情的教师。"语文课堂需要用性灵滋养性灵,激情唤起激情,我想,如果语文课堂缺失了激情,就如高山削平了连绵不绝的峰峦,大海失去了波翻浪掀的壮美。

课堂上的激情除了高亢的声音、激动的情绪外,有时深沉抒情也是另一种生命的激情。学会抒情,慢慢感染学生,课堂会诗意融融,感人至深。

镜头二:王崧舟老师执教的《慈母情深》,以抒情的方式,引起了师生强烈的情感共鸣。

师:我们继续交流,还有哪些地方,哪些句子令我鼻子一酸?

生:背直起来了,我的母亲;转过身来了,我的母亲;褐色的口罩上方,一对眼神疲惫的眼睛吃惊地望着我,我的母亲。

出示文字：

我的母亲，背直起来了；我的母亲，转过身来了；我的母亲，褐色的口罩上方，一对眼神疲惫的眼睛吃惊地望着我。（调整后的句子）

师：看过电影吗？记得电影中的慢镜头吗？前面哪句话带给你慢镜头的感觉，是第一句，还是第二句？

生：第一句。

师：慢镜头就是希望你将每个细节看得特别生动，看得特别清楚。我们一起看，闭上眼睛。"背直起来了"，你看到了一个怎么样的背？

生：我看到了一个弯曲的背，慢慢地直起来了。

生：十分瘦弱的背，慢慢直起来了。

师：你能看到母亲背上的肩胛骨吗？那是一个瘦骨嶙峋的背。孩子们，这是母亲的背吗？（是）在我的记忆当中，母亲的背可不是这样的，是怎样的？

生：在我的记忆当中，母亲的背是结实而健壮的。

生：是坚强的背。

生：是高大的背。

师：然而，我现在看到的却是这样的背。闭上眼睛继续看。

师：转过身来，你看到了一张怎么样的脸？

生：我看到了一张憔悴的脸。

生：一张焦黄的脸。

生：一张布满皱纹的脸。

师：这是我母亲的脸吗？（是）在我的印象中，我的母亲拥有一张怎样的脸？

生：一张红润的脸。

师：这是我们母亲的脸吗？（是）闭上眼睛继续看。

师：（有感情地朗读）"背直起来了，我的母亲；转过身来了……我的母亲。"你看到了一双怎样的眼睛？

生：我看到了一双疲惫的眼睛。

生：一双布满血丝的眼睛。

师：这是我母亲的眼睛吗？不是啊！在我的记忆里，我的母亲拥有一双怎样的眼睛？

生：拥有一双十分美丽的、十分精神的、十分大的眼睛。

师：这是我母亲的眼睛吗？

生：不是。

师：作为儿子，母亲啊母亲，我的母亲，你那坚挺的背到哪里去了？你那红润的脸到哪里去了？你那明亮清澈的眼睛到哪里去了？

生：被工作淹没了。

生：被岁月消磨了。

师：是啊，消磨了，吞没了。我的母亲是怎么样挣钱的？我的母亲就是这样挣钱的。

师：闭上眼睛，再慢慢地，再仔细地，再真真切切地看一看我们的母亲。一起读——

生：（齐读）背直起来了，我的母亲；转过身来了，我的母亲；褐色的口罩上方，一对眼神疲惫的眼睛吃惊地望着我，我的母亲。

这是一堂仿如散文诗一般的和谐课堂，王老师声情并茂，学生有感而发，如痴如醉。整堂课，师生沉浸在爱的氛围里，不能自拔。

二、生命促和谐

叶澜说"课堂是流动的生命，老师和学生共同度过的生命"，生命是语文课堂灵动的风景，没有生命气息的课堂是缺失灵气的课堂。潘新和说，教学就是言语生命的复制和接种，作为教师的你我，都在无形中将自己的言语生命状态和对言语的爱，裸呈在学生面前。无论是王侯将相，还是贩夫走卒，无论身处朱门黛瓦的深宫别院，还是幽居篱笆围墙的僻远山林，一段文字，就是一段生命的记录，穿行于言语的丛林，师生一道触摸生命的脉动，他们或青山依旧、光耀千古，或斯人已去、烟消云散，但字里行间跳动着他们的头脑和心灵。有一段记忆永远青翠，因为生命奔涌在我们的课堂里；有一种课堂需要重温，因为生命在四十五分钟里得以飞扬。

镜头三：董一菲老师执教的诗歌群文阅读课堂。

师：俄国画家列宾说："色彩即思想。"古今中外的艺术家都有自己钟爱的色彩。向日葵的金黄是梵高对生命的向往；莫奈用棕色表现伦敦漫天的迷雾，实则传达的是自己内心的一缕寂寞和孤独；多瑙河流淌的是施特劳斯的湛蓝；四月的天空飘洒的是诗鬼李贺瑰丽的红雨。你能用色彩描写一下古代诗人的诗风吗？（亲切地提示）有人说，张爱玲小说的风格是葱绿配桃红，因为她表达了悲凉、凄凉、凄艳和寂寞的哀伤。

生：我喜欢的诗人是温庭筠，他的诗中充满"叶绿体"，能产生出丰富的营养，而我作为一个初级消费者，尽情地享用他的诗。

师：好酷的比喻。（笑声）

生：我认为李商隐的诗是百花园中一朵淡紫色的奇葩，在每朵花瓣上都滚动着美丽的海蓝色的露珠，浪漫、神秘，透着忧伤，让人百感柔肠。

师：你把世间最浪漫的蓝和忧郁的紫都送给了李商隐。

生：（很急地）如果用一种颜色来形容李煜的词风，就是蓝色了，更恰当些，李煜属于蓝色中的深蓝，象征南唐后主的帝王之尊，国破家亡，愁多、怨广、恨深，同时加上深蓝色的忧郁，使李煜具有古代诗人少有的双性气质。

师：是吗？看来蓝色不该属于李商隐，应该属于李煜。（笑声）

生：（很激动地）用赤诚和热烈的红色、深沉而执著的黑色来诠释曹植真是再恰当不过了，因为你可以从他身上找到勇士的精彩，更可以从他身上品味出那份卓然与唯我独尊，虽然红与黑的搭配过于凝重，可命中注定，一份红色就是一份热情，一份黑色就是一份高贵与完美。

语文课程标准指出阅读是个性化行为，"要珍视学生独特的感受、体验和理解"，"不能以教师的分析来代替学生的阅读实践，不应以模式化的解读来替代学生的体验和思考"。亲临过许多诗歌教学课堂，把诗歌卸成八大块的课堂居多，由于老师过多的分析介入，诗歌本身的意境完全被破坏，失却了文学之美。董老师的课堂无疑是成功的，她带领学生走进诗歌，走进用文字营造的精神世界，亦走进诗人的心中。这样的课堂对学生的影响是终身的，因为它已经融入学生的生命里。

三、对话促和谐

巴赫金说，生活的本质即是对话，人们生活着就意味着参与交流和对话，人类最基本的相互关系就是一种对话关系。对话把灵魂向对方敞开，让人凝视；对话是一个开放心灵者看到另一个心灵者的话语。课堂上，对话是一种流淌在师生之间的意义溪流，他们在溪流中泛舟、参与和分享，他们的思想在碰撞，他们的个性在张扬。对话需要平等、真诚、创生和尊重；老师不再是神坛上的祭司，学生也不再是跪拜的信徒；文本不再是僵死的符号，他们之间人格相遇、精神交往、心灵理解，共同享受语文带来的快乐和狂欢。

镜头四：李镇西老师执教《沁园春·长沙》的教学现场。

教室里很安静，随着李老师的朗读和解说，学生都在尽力体会、揣摩词的内涵。

"好，同学们再齐读一遍——'沁园春·长沙'起！"李老师开了头。

"独——立——寒——秋……"无论是音量、气势，还是节奏，都很不错。

"曾——记否，到中——流——击——水，浪——遏——飞——舟？"学生们的朗读戛然而止，但余韵还在教室里回荡。李老师忍不住叫道："好！好！你们开始走进青年毛泽东的心灵了！"这时李老师把话题一转，说："那么，你们从毛泽东的心灵中感悟到了什么呢？换句话说，你们读了这首词，有什么总体感受呢？大家也可以谈自己的发现——对某一句或一字词的独到理解。当然，也可以就不理解的地方提出疑问。这就是我说的研讨。这样，坐在一起的几个同学可以先互相交流一下各自的感受和发现。"

学生们开始三三两两地讨论交流起来……

一位女生说："我读毛泽东的这首词，每读一次都感到有一种气势，这种气势在我心中挥之不去。词中的气势体现了毛泽东豁达的胸襟。我读上阕的写景，那种景象就会立刻印在脑海里，读下阕时，就会自然而然地联想到我们现在的朝气蓬勃。"

"嗯，这是你自己的感悟。是的，毛泽东看世界，总有一种宇宙的视野——毛泽东晚年曾在一首词中把地球视为'小小寰球'。还有，他曾写下'坐地日行八万里，巡天遥看一千河'。"

……

一男生说："读这首词，我感受最深的一点是，毛泽东是一个很有抱负、充满壮志、一心想干一番大事业的人！"

"的确如此！青年毛泽东正是一个立志改造中国的人。"李老师补充道……

对话不是你问我答，而是一种精神交流，一种读者与作者的交流、师生的交流、生生的交流。李老师的课堂师生关系和谐，对话自由充分，学生有自己独特的感受和体验，而这一切都建立在对话文本的基础上。课堂上的对话，直指心灵，激荡起思想的阵阵涟漪。

四、寂静促和谐

苏霍姆林斯基说："教室里寂静，学生集中思索，要珍惜这样的机会。"也许大家习惯了热闹的课堂，误以为课堂寂静就是沉闷，就是压抑，就是没有很好地调动学生的学习积极性。"行到水穷处，坐看云起时"，殊不知，宁静方能致远，偶尔的寂静，更是一道绝美的风景。在寂静的时光中，思绪飘飞、心游万物；在寂静的教室里，我心舞动、思接千年。有一种美蕴含在无声中，所有的眼眸仿佛静止，所有的呼吸顿然屏息，所有的情感将要凝滞，这便是一种寂静的美，如细数落花、手捧月华；这便是一种素净的美，像夏日白莲、雨后晴天。

镜头五：一节月考作文讲评课。

讲评前，我给学生朗读了一篇48分的标杆作文，教室里掌声雷动，看来，同学们也赞同此文属于优秀作文。几位同学还自告奋勇地进行了一番评价——

"文采斐然，读起来朗朗上口。"

"正反对比，结构很严谨。"

"中心突出，事例也很丰富。"

随后，我发了一篇得分30分的作文让他们讨论，教室里一片沉默。

突然吕同学举起了手向我示意。

他慢条斯理地说："刚才那篇标杆作文应该得30分，这篇文章应得48分。"

教室里一片哗然，一阵骚动。还有同学在起哄。

他接着说："纵观湖南近几年高考作文题，无论是'谈意气'、'诗意地生活'，还是'踮起脚尖'，都是从正面去写的，要我们谈意气，要诗意地生活，要踮起脚尖。我们这次月考题目是'迷失'，按照出题者的意图，就不能从反面去写，就不能说'不要迷失'，否则就是跑题。刚才那篇标杆作文跑题了，所以得30分。"

话音刚落，同学们大笑起来，还响起了雷鸣般的掌声。

吕同学继续慢条斯理地，还有点踌躇满志地说："这篇30分作文，不是作者跑题了，是阅卷老师跑题了。"

"哈哈哈哈……"几位好事的同学，再一次为吕同学鼓掌。

此时，同学们都望着我，一些调皮的男生，洋洋得意地支持着吕同学的观点，有些同学一脸阴云。

我示意吕同学坐下。教室里很安静，学生们在思考。

我微笑着沉思了片刻。

"刚才吕同学，说得很有道理，单看湖南高考作文标题，一般不从反面去写。我们不主张说我们不要诗意地生活，我们不要去踮起脚尖。"我微笑着说。

"但作文审题，我们只看表面形式，不注意内涵吗？谈意气、诗意地生活、踮起脚尖，都包含着积极健康的一面，我们当然要主张。况且谈意气还有意气用事的一面，一篇从反面写不要意气用事的作文就得了满分啊。还有，踮起脚尖也可以理解为好高骛远，不脚踏实地，所以认为'不要踮起脚尖'，也是有道理的。"

教室里又是一片沉默。同学们听得很认真。

我接着说道："我们这次月考作文题目是'迷失'，迷失是什么意思呢？"

有一同学插话道："是迷失了方向。"

"是啊，是迷惑且失去了方向，在人生的十字路口，走错了方向，从而迷失了自我与人生。而这篇30分的作文，明确地说，'迷失让我实现了自己的梦想'，言下之意，主张我们去迷失了？比如说，作文题目是'吸毒'，按照此种逻辑，吸毒也能让我们实现人生的梦想吗？那么我们为了实现自己的梦想就去吸毒去迷失自我吧！"我的言辞有点犀利有点激动。

但学生给了我掌声，他们脸上的阴云消散了，吕同学的嘴角开始上扬。看来，他们认同了我的观点。

"那么，命题作文我们该如何审题？"我接着发问。

"首先要理解命题的内涵。"同学们齐声回答。

课堂要留给学生思考的时间和空间，苏霍姆林斯基还说："一定要设法让他独立思考，促使他在每一节课上，在脑力劳动中取得哪怕一点点进步也好。"是啊，学生的进步来自独立思考，而独立思考来自课堂的暂时沉默。这节课有过热闹，亦有过沉默，但更多的是在沉默中孕育的思想，在沉默中老师对学生的引导、启发。

和谐是教学磁场的核心。和谐的课堂，引发师生情感与思想的共鸣，以达教学合一之境界。

第五讲

教学机智

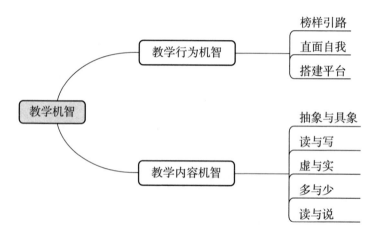

《韦氏大学词典》将机智定义为"一种对言行的敏锐感,以与他人保持良好的关系或者避免触犯别人"。教学机智是指那种能使教师在不断变化的教育情境中随机应变的临场智慧和才能。教学情境是不断变化的,教师在不断地面临挑战,当始终保持对言行的敏锐感,在想不到的情境中表现出积极的状态,准确地捕捉教学契机,很好地处理突发事件。教学机智在一定程度上就是保持处理好教学中的各种关系的敏锐感,它可分为教学行为处理上的机智与教学内容处理上的机智。

第一节　教学行为机智

教学行为机智主要指在意想不到的情况下，教师知道该说什么或做什么，这样才能机智地修正偏差或重新将课堂引向具有教学意义的方向上来，即在"如何教"上的机智。教学行为机智虽说是一种教学技能，但已超越技能，达到智慧的境界。它需要教育的感知力、教学的种种经验力，有时需要调和气氛，有时需要幽默的语言，有时需要一个善意的微笑，有时需要做个榜样，有时需要直面自我的调侃，有时需要创设一种教学情境，有时需要搭建一种教学平台，凡此种种，不一而足。教学突发事件无处不在，教学机智无处不在。

一、榜样引路

《教学机智——教育智慧的意蕴》一书讲述了这样一个故事：

英语老师对她的十一年级学生的书法质量很不满意。由于字迹难认，她觉得读起来很困难。在给每个学生写评语的时候，她小心谨慎，让自己的书法工整优美。在课堂上，她格外小心，在黑板上写出的字特别漂亮。她试图通过亲自展示书法的差别，让学生们认识到清晰工整的书法让人感到舒服和有特别的亲切感。这时，她说："我希望你们注意到了我正在试图改变我的生活——从现在起，我希望你们能够看得懂我给你们写的东西。"她接着又说："你知道，把你的文章给别人看就像去赴一个约会一样，你得将你自己打扮得可以见人，让别人觉得与你在一起舒服。我觉得我的书法有时发出'难闻的气味'。现在，我决定改变它。"

在那样的情况下，这位英语老师采取了一种机智的办法，让每个孩子尽可能地都感受到榜样的力量。机智的老师更能发现困难，也更能从教学行为上解决教育的难题。

在教学中，尤其是作文教学中，当对学生启而不发时，最好的教学方法便是老师做个榜样，用自己的写作来告诉他们该如何写。优秀的老师一定会用自己积极的榜样力量作为一种教学方式消除学生消极的一面。

二、直面自我

想起这样一个教学故事：在西安听课当评委，一位年轻的女老师执教《姥姥的剪纸》。当她小心翼翼地将课题写到黑板上时，一位可爱的小男生突然举手示意，老师冲他微笑告诉他可以直接讲。小男孩非常率真地说："老师，您的字写得没有我们语文老师漂亮！"顿时，教室里哄堂大笑。只见这位女老师镇定自若，毫不慌张，幽默地：" 同学们，你们看到了吧，老师的字是多么的丑，写好字太重要了，我希望大家把我作为反面教材，读小学的时候一定要把字写好啊！"话音刚落，掌声四起。

在那样的情况之下，这位老师不掩饰、不避讳，而是直面自己的缺点，把自己作为反面教材来教育学生，让人会心一笑。每个教师都有自己的优势和短板，优势可以做榜样；对自己的短板，巧妙地直面不足，也不失为一种教学机智。

无独有偶，一位农村男老师在执教《雨的四季》一课时，他让学生来朗读课文，但没有学生回应，他只好自己来朗读。当朗读完后，他请学生来回答，一位学生怯生生地说："老师，你的朗读听起来一点都不美。"学生的评价惹得众人大笑。而这位老师并未生气，笑着说："同学们，你们要敢于朗读啊，老师朗读得这么差都敢读，你们怕什么呢？"老师机智的回答不但化解了尴尬，也教育了学生。

当然，作为老师，我们力求尽善尽美，但实在无法克服自身短板时，机智地幽学生一默，未尝不可。机智的教学行为一定是充满智慧的，需要教师全身心投入。

三、搭建平台

美国杰克·斯诺曼与里克·麦考恩在《教学中的心理学》一书中指出，课堂教学的目标是让学生在相似但是新的情景中，独立地运用他们在学校学到的知识和技能解决问题。这种能力是问题解决教学的主要目标，而且通常得到教育工作者的高度重视。无论是在校内还是在校外，学习迁移都是对自主学习者和问题解决者的本质要求。在教学中，如何让学生更好地接受新知，需要搭建平台，架起旧知与新知之间的桥梁；搭建平台，就是一种学习迁移。《论语》里的"温故而知新"，讲的就是这个理。要想旧知促新知，教学中，教师要提供相应的平台。首先，提供学的平台，让学生做一做，暴露问题，根据学的情况确定所需的相应旧知。其次，提供学后展示的平台，学生的展示要有一定的冲击力，展示案例，展示现象，而不是结果。再次，提供学后诊断的平台，此诊断包括课堂上学生的自我诊断、练习中学生的诊断，还有老师的适当的帮扶诊断。诊断后，借助旧知悟出新知。

我在执教作文课《在情景中细描人物》时，由于学生对情景设置比较陌生，课堂陷入沉闷状态，学生思维因之凝固。我灵机一动，想到了搭建平台法，以旧知促新知，收到了良好的教学效果。

师：我来讲一下，这矛盾不一定是矛盾，我觉得这矛盾可以理解成不协调。什么叫不协调？在《背影》当中就有——父亲去给儿子买橘子，如果父亲高大威猛又年轻，他一跃而过站台，会感人吗？

生：不感人。

师：感人就在父亲年纪怎么样？

生：大了。

师：身体怎么样？

生：胖了。

师：爬得过吗？

生：爬不过。

师：正因为爬不过，而父亲要爬，才感人；此外，朱自清先生当时多大年纪?

生：20岁。

师：他现在是一个20岁的青年，与看父亲去买橘子，形成对比，这是很不协调的。文中也有不协调的成分。一个是奶奶对我的称呼是什么？

生：宝宝。

师：作者多大了？

生：30。

师：你们见过一个30岁的成年男人被别人叫作宝宝的吗？通过这个称呼可以感觉到什么？

生：爱。

师：我们重点是写年龄，还是写奶奶的称呼？

生：称呼。

师：奶奶的称呼是什么？

生：宝宝。

师：如何称呼的？怎么称呼宝宝的？

生：眯笑着眼睛。

师：奶奶又是怎样的一种状况啊？

生：用双腿。

师：用双腿怎么样？用一个字。

生：撑。

师：还有什么？

生：背。

师：比去年怎么样？

生：更驼。

师：同学们，见到一个连说话都没有力气、站立都有困难的奶奶，眯笑着眼睛的时候——让我们再把这段话读一遍，"我来到厨房"，预备起。

（生齐读）

师：写对自己称呼的时候，这是一种细节描写，除了"宝宝"这一句话特别感人，还写了奶奶怎样一种状态？写了她的动作、外貌、神态。同学们，在这样不协调的情节之中写才感人。不是随便写奶奶背驼了，那不感人。

通过《背影》中父亲的动作与体型的不协调，父亲年龄与作者年龄的不协调，学生很快就知道了写作中要学会在不协调的情节中去描写人物，教学效果明显。

教学行为机智本身就蕴含着思想，凝聚着教师的人格魅力，它赋予学生的不仅是知识，更是一种思维的品质与人性的光芒。好的教学都是充满机智的，离不开教师对学生内心世界的洞觉，离不开对专业知识的理解，也离不开对教学的自身认同。"一生二，二生三，三生万物"，教学行为机智亦是无穷尽的。

第二节　教学内容机智

在这里，我强调的教学机智不是简单地与学生相处的临场智慧与才能，即教学行为上的机智，而是在教学中灵活处理教学内容难题的一种敏锐感，即教学内容机智，强调的是在"教什么"上的机智。例如如何处理教学中抽象与具象的问题，如何面对教学中读与写的问题，如何把握教学内容多与少的问题，等等。

一、抽象与具象

在语文教学中，文本中抽象的概念常常令学生难以理解，教师习惯性地对之进行机械式分析。然而对于一些文学性作品，体验比分析更重要，抽象的道理需要具象来呈现；具象得到充分体验时，抽象的道理才会深深印在学生的脑海之中。教学的机智在于不拘泥于抽象谈抽象，也不因为具象而具象，而是在抽象与具象中自由转换。

薛法根老师在执教《珍珠鸟》一课时，借具象来表达抽象，让学生在具象之中读出抽象的道理。教学相当机智，很值得品鉴与学习。

师：这篇课文，作者除了写喜欢珍珠鸟，还想告诉我们什么？
生：还想告诉我们信赖能创造美好的境界。
师：美好的境界也就是美好的画面。快速默读，看看哪些画面是美好的。
生：小家伙从叶间探出头来的画面很美好。
生：我用手抚一抚它细腻的绒毛，它也不怕，反而友好地啄两下我的手指。

生：一点点接近，然后碰到作者的杯子上，俯下头来喝茶也很美好。

师：哪一个画面是最美好的境界？

生：这小家伙竟趴在我的肩头睡着了。

师：这种境界是什么创造出来的？

生：信赖。

师：谁信赖谁？

生：鸟信赖人。

师：珍珠鸟原来是一种很怕人的鸟，信不信人？

生：不信。

师：在他的肩上睡着了，这就是完全信任，这叫信赖。那雏儿是怎样一步一步相信作者，最后完全信赖的呢？

境界是什么？学生不一定能理解。薛老师借助画面来解释，让学生进入文本，体验画面之美。之后，让学生判断最美好的画面就是"这小家伙竟趴在我的肩头睡着了"，最后理性地得出：信赖创造美好的境界。抽象与具象的自由转换规避了教学漫无目的的读与机械、无趣的分析，从而较好地让学生在体验中渐悟，从渐悟中掌握理法。

二、读与写

王尚文认为，语文教学的核心任务就是教师引导学生去发现、感悟课文美好的语文品质，进而探究它生成的原由，使学生得到借鉴，最终达到提升自身语言作品的语文品质的目的。在平时教学中，如何将读转化为写，将课文中美好的语文品质变成学生自己的语文品质，值得研究与探索。这需要教师有一种强烈的读写转化意识，自始至终将写定为教学的重要目标。实现这一目标的途径便是挖掘、发现课文的独特表达之处，让学生学以致用，以求读写共生。

例如于永正老师在执教《杨氏之子》一课时，紧紧抓住课文中细节描写这一写作元素激发学生写作的欲望。

师：……这篇短文只有55个字，但是含义却很丰富。下面我们用自己的笔，通过自己的想象，把文章写得丰满一些。第一句话，"梁国杨氏子九岁，甚聪惠"，非常简练，根据这句话，请你想象一下，杨氏小儿长什么模样？注意，相貌描写一定要体现出他的年龄、聪明。第一排同学就扩写这句话。

师："孔君平诣其父，父不在，乃呼儿出。"注意：谁；去干什么；主人不在，是哪个人把小儿叫出来的。这里面蕴含着很多动作和对话。请第二排同学来写。

师："为设果，果有杨梅。孔指以示儿曰：'此是君家果。'儿应声答曰：'未闻孔雀是夫子家禽。'"他们难道就说了两句话吗？肯定不是的！往下肯定还有好多话呢！展开想象，一定要通过对话描写把杨修的聪慧充分表现出来。请第三排同学写这一部分。

（生分组写作）

师：（10分钟之后）请第一组同学中的一位到前面来读自己的习作，其他同学专心听。

生：古时候，梁国有一户姓杨的人家。杨家有一个小男孩叫杨修。他虽然才9岁，但个头不矮，长得胖乎乎的，皮肤很白。圆圆的脸蛋，一双水灵灵的大眼睛忽闪忽闪的很有神。小嘴翘着，看上去能说会道。他头上扎着蓝色头巾，身穿红色的长袍，腰扎一条黄色带子，十分精明、利索。

师：这一段描写十分精彩！外貌与他的聪慧、有教养完全一致！

……

三排同学分别担任三种不同的写作分工，在教师的点拨下，他们运用外貌、动作、对话描写，将杨氏之子具体而又生动地想象出来，颇有童趣。"读"走向"写"，既可以加深对课文的理解，也是学习内化的集中体现；"读"走向"写"，既可以让学生写，也可以是教师自己下水写，把学生"立言"的欲望激发出来。

吴丹青老师在执教《咏雪》一文时，正是通过自己的下水诗歌《咏雪》来激发学生的。

师：你们还学过哪些咏雪的诗呢？

（生齐背《江雪》）

师：你们还学过的一首诗有一句也是写雪的："梅须逊雪三分白，雪却输梅一段香。"写了雪与梅相似与相异的地方。还有一首写雪的很有意思："一片两片三四片，五片六片七八片，九片十片千万片，飞入芦花皆不见。"老师也写过一首《咏雪》。（师板书并解释创作的思路）

咏　雪

嫦娥银汉驾舆催，皎兔惊追扑月台。

撞破冰宫飞玉屑，仙花云卉满天开。

师：不过老师这首诗比起韩愈的《春雪》就差多了。我们一起来读一读《春雪》。（师板书《春雪》）

春　雪

新年都未有芳华，二月初惊见草芽。

白雪却嫌春色晚，故穿庭树作飞花。

（学生朗读后老师解释《春雪》的诗意）

师：同学们下课后也写一首咏雪的诗歌，好吗？现代诗、古诗都可以。

吴老师通过自己的下水诗歌，带动学生进入韩愈诗歌《春雪》的阅读，从而再一次深化"雪"的写作，积累写作经验，真正实现读写共生。"读"内化成"写"，有时可在课堂上完成，有时可在课外实现，一切皆由学情决定；切不可生搬硬套，而要因地制宜，懂得因材施教。

三、虚与实

教学中，我们时常会让学生掌握相应的艺术手法或者表达技巧，而这些手法与技巧对学生来说皆为"虚"的概念，因为它们看不见、摸不着、感受不到。要想让学生能实实在在用得上它们，那就必须使它们落"实"到位。教学之所以低效，在一定程度上是因为没有将"虚"的概念落到"实"处，泛泛而谈，错过了运用。

在一次同教《西游记》整本书阅读活动中，一位老师要求学生研读它的浪漫主义的创作手法。这位老师并未在概念上多做文章，而是让学生用浪漫主义手法进行创作，真正将"虚"落到了"实"处。另一位老师选择集中研读对称句。老师要求学生研读如"丹崖怪石，削壁奇峰。丹崖上，彩凤双鸣；削壁前，麒麟独卧"，"感盘古开辟，三皇治世，五帝定伦，世界之间，遂分为四大部洲"等对称句，等学生读着、读着，对对称句有了很好的了解后，便让他们练习写对称句，之后训练用回目的样式写作文标题，如"四海千山皆拱伏，九幽十类尽除名"，"孙行者大闹黑风山，观世音收伏熊罴怪"。于是，学生便学着用这样的方式来拟题，教学效果相当理想。第三位老师研究细节描写。她首先抛出一个问题：古典小说是如何来描写细节的？有同学便发现了白描手法特别多，比方说"那猴在山中，却会行走跳跃，食草木，饮涧泉，采山花，觅树果；与狼虫为伴，虎豹为群，獐鹿为友"。于是老师便引导学生用白描手法进行写作训练，也将"虚"落到了"实"处。

"虚"落到"实"处，"实"处也可务"虚"。落"实"，强调学以致用，举一反三，提高学生的实践力；务"虚"，即是让学生知其然也要知其所以然，从学理背后了解语文、学习语文，提高其综合力。

我在执教《鱼游到了纸上》一课时，教学生"伏笔"这一艺术手法，就是通过务"虚"的方式达成的。

师：既然知道他是个聋哑人，为什么在写的时候，我们不这么写呢？

（PPT出示：他高高的身材，长得很秀气，一对大眼睛明亮得就像玉泉的水。他是个聋哑人。）

师：在课文的第三自然段，作者描写了他的外貌，那为什么不直接描写他是个聋哑人？我开始就写好不好？

生：不好。

师：为什么？同学们思考一分钟，再告诉我。

（生思考）

师：你手举这么高，你来。

生：作者在第三自然段是在赞美他，突然写他的缺陷，不好。

师：很好，这是一种角度。还有没有？

生：（响亮回答）如果作者直接说了，那么读者就没有疑问啦！

师：这是第二种说法，还有没有第三种说法？

生：他这么说，是为了给后面"垫底"，好勾起我们的好奇心。

师：很好。刚刚这位同学说了一个词"垫底"，其实这种写法叫"伏笔"。这位同学特别聪明，在不知道的情况下，她发明了一个词语叫"垫底"。（笑声）

（PPT出示：伏笔，指文章或文艺作品中，在前段里为后段所作的提示或暗示。）

师：在写文章的时候，不直接写他，而是先写他的一些奇怪的行为，最后再通过一些细节揭示出来，这种写法就叫——

生：伏笔。

师：这就是伏笔的妙处，这位同学有这个意识，非常了不起。

教学中，我通过具体语句的品读，让学生读出疑惑，而后让学生进行探究思考，最后和盘托出伏笔这一艺术手法。艺术手法和表达技巧的实与虚，是辩证统一的，只有相互交替，学生的思维才能被激活，语用能力才得以提升。

四、多与少

作为教研员，我经常去学校听课；在听课中发现，老师最棘手的便是处理教学内容问题。一节课，什么都想讲，最后什么都没讲好。课堂几乎有一个共同的特征：老师很希望把自己平生所学的知识在一堂课45分钟内倾囊相授。但是学生听完之后几乎是没有多少收获。换句话说，老师上了和不上几乎是一样的。尤其是复习课，你发一张答案给学生，也许比你在台上讲45分钟更有效果。为什么？因为教得太多。老师教得过多，学生自然就学得很少。评课时我经常讲的一个观点就是：以少胜多，少就是多。我们的复习课一定要有这样的一个意识。比如说：有位老师讲文言文翻译，一节课不仅讲了采分点通假字、古今异义字、词类活用、特殊句式等，也讲了文言文翻译方法增、删、换等。但在听课的时候我就发现老师所讲的什么增、删，对学生们来说没用，因为他们早就知道。其实，讲词类活用他们也知道。但是他们在做题的时候总是失分。为什么？因为在教学中，老师并没有真正发现学生的问题，而是以铺天盖地的方法掩盖了学生那几个最重要的问题。若老师在课堂上解决了学生最重要的那个问题，教学效果就截然不同了。教学是一门艺术，艺术品的本质在于把一个对象的基本特征，至少是重要的特征，表现得越占主导地位越好，越显明越好。老师为此特别要删减那些遮盖特征的东西，挑出那些表明特征的东西，对于特征变质的部分都加以修正，对于特征消失的部分都加以改造。在教学上，表明特征的东西，就是那些学生需要的东西，越把学生最需要的东西挑明，教学效果才会越好。一节课不可能面面俱到的。

　　再比方说，一次听一位老师上习作课《这儿真美》，有的学生谈家乡的古城美，有的说爷爷奶奶的故乡美，有的说校园美，有的说小区美，这样下去，一节课似乎教了许多，但训练的主题难以集中，学生对如何写"这儿真美"，并没有什么思路。这就是不会处理教学中的"多"的问题。课堂不妨只涉及一个话题，即"介绍我们的校园美"——如果你是导游，有老师要来参观，作为导游该如何向老师介绍校园？如果解决了这个问题，之后再去拓展，写一写自己的家乡，写一写自己最熟悉的地方，让大家了解了解，教学效果自然就不一般了。

　　故而在教学中，一定也要懂得舍弃，学会弹钢琴，不可贪全求多。

　　犹记得我执教的《麻叶洞天》那节比赛课，由于不会处理多与少的问题，导致课堂不很成功。

　　课堂上我以"语文学习，需要语文意识"来统摄全课，这样的课堂主题自身并不存在问题，但是作为一节竞赛课，范围是否太宽泛了？范围一旦宽泛了，教学内容就会繁杂、空洞，学生就无法接受，甚至失去学习的兴趣。

　　因为我要讲"语文意识"，所以我的教学内容是这样处理的：

1.积累文中重要的文言实虚词。

2. 学习第一自然段，明白作者"写了什么"，跟以前学过的游记散文比较，思考作者"为什么这样写"。

3. 学习第二自然段，既然写麻叶洞，"为何要写人"呢？通过角色朗读的方式思考作者是"如何写人"的。

4. 学习第三自然段，找出最让人感动的句子，从徐霞客身上我们感受到一种怎样的生命特质？

总体上说，这节课教给学生的语文意识包括了这些内容：积累知识、懂得作者写了什么、思考作者为何要这样写、学习作者如何写的艺术、感受生命的脉动。

本节课如果作为讲座课，有两个小时的学习时间，效果应该不错，但区区 40 分钟的课堂，只有 10 分钟的预习时间，效果势必不理想。那么对于一节课，我们得敢于删掉多的教学内容，让课堂内容趋向少的简约。

那么如何删？删的原则是什么呢？

1. 以单元教学为依据

教材体现出编者的编排意图，那么单元内容应该跟编者的意图相一致，《麻叶洞天》编排在"科技之光"单元，单元学习内容是让学生感受古代科学求实精神和文人知识分子的探险精神，所以，我们在确定《麻叶洞天》教学内容时不妨立足于徐霞客作为地理学家那种科学求实精神以及作为文学家那种不畏艰辛的探险精神和内在的生命特质。

2. 以文本体式为依据

王荣生先生曾说："阅读方法和文本体式密切关联。阅读诗歌、戏剧、小说，有不同的方法；阅读古典小说、现代小说，也有不同的方法。也就是说，每次阅读都要运用适合于这种文本体式的阅读方法。"质言之，不同的文本体式，就有不同的表现方式，就有不同的阅读方式，就有不同的教学价值，肯定也该有不同的教学内容。对于《麻叶洞天》这样一篇优秀的地理著作和游记散文，教学内容应该要有兼顾性，不可偏废。

3. 以语文意识为依据

王尚文先生曾说："对一个具有高度'语文意识'的教师来说，教授一篇课文，就不仅要使学生搞清楚课文写了什么，而且要搞清楚它是怎么写的、为什么要这么写、这么写有什么好处。"文本的价值若体现在语文上，就要关注"怎么写的、为什么要这么写、这么写有什么好处"。所以我们的语文课堂始终不能偏离语文意识。对于《麻叶洞天》这篇课文，因为地理著作和游记散文文体写法的不同，阅读方式固然也不一样，这也是《麻叶洞天》跟其他游记散文不同之所在，所以通过对比阅读学习作者的用笔之法是课堂教学的重要内容。

4. 以学生学情为依据

陶行知先生说："教的法子必须根据学的法子。"课堂教学所有的设计都应围绕学生而展开，因为学生的学决定了老师的教，老师的教又影响着学生的学，所以教学内容一定要符合学生的实际。而我参赛执教的班级学生语文水平并不很高，所以，内容可以相对简单些，不要面面俱到。

基于此，我们不难发现，课堂教学内容的最后取向还是学生的学情。

那么对于以前的教学内容，我可以大胆将其删除。在第一课时中，除让学生反复品读第一自然段，积累重要的文言词汇外，结合《三峡》来谈两者写作上的异同，最后站在地理著作的角度去感受徐霞客科学求实的精神即可。

所以，课堂教学在遵循单元教学、文体体式、语文意识的原则之外，最后的取向还是要依从于学情。一切从学情出发，兼顾语文教学的价值取向，大胆删除可有可无的教学内容，方能以少胜多。

五、读与说

在听课调研中我发现，现在的很多阅读教学仅仅为了阅读而阅读，缺少说的训练。叶圣陶说，口头为"语"，书面为"文"，不可偏指。如何规避阅读教学中只有思考的阅读而无表达的阅读呢？读转化为说，不啻为一条好路子。比方说复述课文内容，当学生默读课文后，请学生用说的方式将课文内容复述出来，这样的方式既检验了阅读的效果，也训练了说的能力，两者相得益彰。光说内容也是不够的，在设计说这一活动时，可以依据课文中的言语形式进行说的训练，做到言意结合。

窦桂梅老师在执教《再见了，亲人》一课时，读说结合处理得十分机智。

师：（出示课件：讲亲人）你们看，不同的国家，不同的民族，一个是朝鲜人民，一个是中国人民，却说他们是亲人。那可得讲一讲。你怎么理解这个"讲"字？

师：正像你们讲的那样，不光是理解课文，还要把你看到读到的故事，变成自己的话有理有据地讲出来。下面就请你们默读课文，看看哪些字眼儿触动了你感情的那根弦儿，哪句话语增添了你心中的力量，一会儿讲给大家听。

师：先回忆一下，这篇课文一共讲了几个人物？围绕每个人讲了什么？（回答略。引导学生从整体把握课文，然后从具体细节入手。）

师：一会儿站起来给大家讲的时候，相信你们会侃侃而谈，说出的话落地有声。

……

师：（出示课件：句式训练）刚才是具体地"讲"，现在要概括地"讲"，用下面的句式概括，注意用上刚才你们所讲的词句：为了志愿军，大娘_____；为了志愿军，小金花_____；为了志愿军，大嫂_____。

师：好，请变成一句话再概括地讲。（播放课件）为了志愿军，朝鲜人民_____。

生：为了志愿军，朝鲜人民不惜牺牲自己的生命。

生：为了志愿军，朝鲜人民失去了最宝贵的东西。

师：为什么朝鲜人民会对我们这般感激？加上半句，请再概括地讲。（播放课件）为了朝鲜人民，志愿军_____；为了志愿军，朝鲜人民_____。

生：为了朝鲜人民，志愿军抛头颅洒热血；为了志愿军，朝鲜人民和志愿军浴血奋战。

生：为了朝鲜人民，志愿军付出了血的代价；为了志愿军，朝鲜人民不惜牺牲一切。

窦桂梅老师立足文本，让学生根据自己的理解，将故事说出来，并且要说得有理有据，这是阅读的升华。说的过程，一定是思维高度运转的过程，因为这离不开信息筛选、组合、提炼等一系列高级思维活动。拘囿于阅读而阅读的教学是狭隘的，只有经过读说转化，无声的文字通过有声去表达，文本的艺术张力才更能吸引学生，学生才能受益良多。窦桂梅老师的高明之处还在于，通过文本的句式训练说话，将言语形式内化为学生的言语智慧；同时，巧妙地将工具与人文有机交融起来，课堂不再是机械的分析，不再是空洞的说教，而是生命的彰显，情感的交织，心灵的陶冶。

读与说，不可剥离，课堂上的阅读若以说的方式来显性呈现，将读转化为说，这样的课堂必将是灵动的课堂。

第六讲

教学板书

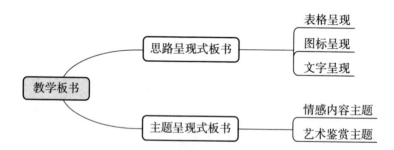

教学板书是指在课堂教学中，为了强化教学效果，教师运用传统黑板或者电子黑板向学生呈现教学内容、认知过程，使知识概括化、系统化，帮助学生正确理解，增强记忆，提高教学效率的一种教学方式。

由于当下教学技术手段不断更新，很多教师板书意识阙如，不少教师用幻灯片投影或者PPT代替了传统的书写板书。心理学研究表明，大脑能记住的信息，85%来自视觉，10%来自听觉，5%来自嗅觉和触觉。黑板是课堂教学中提供视觉信息的最简单、最重要的发射源。板书素有"微型教案"之称。

板书的类型是多种多样的，因划分标准的不同，其类型也不同。

从书写的角度可分为主体板书和辅助板书。主体板书是指书写于黑板上的，能体现教师教学思路、概括教学内容的书面语言，是备课时就设计好的，一般书写在黑板的中间位置或左半部。辅助板书是教师教学中随机写在主板书以外的书面语言。

从板书内容来分，有综合式板书、分课时板书、重点段落板书等；从语言的运用来分，有提纲式、词语式、归纳式板书等；从表现形式来分，有文字式、图表式板书等；从结构方式来分，有总分式、对比式、并列式板书等。

从教学内容上来分，我以为可分为思路呈现式板书与主题呈现式板书。在这里，我专门介绍这两种板书以供大家参考借鉴。

不管是思路呈现式板书还是主题呈现式板书都是以思路或者主题为中心，由此发散出去，运用文字、表格、图标等形式，形成一个完全自然的有机组织。板书就是一个自然的思维工具，用于加强学生的思考与记忆。

第一节 思路呈现式板书

思路呈现式板书主要是板书出文本的教学思路，帮助学生理清作者写作思路，让学生看清、想透整个教学过程。思路呈现式板书往往以关键词或关键句的方式再现作者思路，也可用表格或者图标的方式来呈现。

一、表格呈现

用表格的方式来设计板书，呈现作者写作思路，让学生以填空的方式来完成。

比如执教《看云识天气》，有老师根据云的特征判断天气情况这一思路，这样设计板书：

云的种类	云的形状	云的厚度	天气情况
卷云	像羽毛、像绫纱	最薄	阳光透射地面，不会带来雨雪
卷积云	像鳞波	很薄	不会带来雨雪
积云	像棉花团	较薄	在天空映着温和的阳光
高积云	像羊群	较薄	云块间露出碧蓝的天幕

再比如执教《谈骨气》，可以根据总分的思路设计板书：

中心论点	分论点	论 据
我们中国人是有骨气的	1. 富贵不能淫	文天祥拒绝高官厚禄的劝诱
	2. 贫贱不能移	穷人宁可饿死不受嗟来之食
	3. 威武不能屈	闻一多横眉怒对国民党手枪

二、图标呈现

图标呈现主要指用图形的方式来设计板书,呈现作者写作思路,给学生以直观感。

比如执教《我的叔叔于勒》,程红兵老师是这样设计板书的:

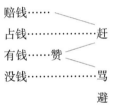

图形体现出情节的一波三折,很有形象感。

胡明道老师是板书设计的"圣手",尤其是在体现文本思路上,她的板书设计别具匠心,深得学生喜爱。

她在执教《皇帝的新装》时,以区区几根线条,呈现出这一课的教学思路图,围绕"新装",带学生在故事的丛林里合作、探究。

板书:

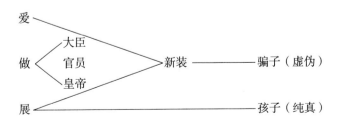

她在执教《周总理，你在哪里》时，按照寻找周总理的行踪，把诗歌意象用大括号括起，以线条串起寻找的动作，情景再现了诗歌内容，甚为巧妙。

板书：

三、文字呈现

文字呈现主要是借助文字来呈现思路，文字尽量洗练，不可冗长，要保持板书的简约之美。文字呈现也要适当借助图标展开，板书好比一张思维导图，从一个中心开始，每个词语或者图像自身都成为一个子中心，整个合起来以一种无穷无尽的分支链的形式从中心向四周发展，或者归于一个共同的中心。

肖家芸老师执教作文课以"支撑"为话题展开思路，他是这样设计板书的：

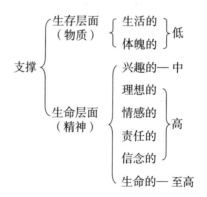

支撑可分为物质与精神层面,物质又分为生活与体魄的,精神又可以分为兴趣的、理想的、情感的、责任的、信念的、生命的,这些层面又有高低之分。写作思维,一目了然;板书,层次脉络相当清晰。

胡明道老师在执教《想和做》时,用文字的方式呈现写作思路,她是这样设计板书的:

主板书部分呈现思路,辅助板书呈现写作方法,一主一辅,很好地体现了文章的思路与手法,堪称完美的微型教案。

第二节　主题呈现式板书

我主张的"发现语文"教学以为课堂教学应该围绕主题展开。教学主题可以是一个字,或者一个词,或者一句话。按照窦桂梅老师的话来说,主题可以是外显的,也可以是暗含的、暗示的;可以是文本本来确定的,也可以是提炼于文本、独立于作者的由师生"读"出来的。主题呈现式板书就是指围绕教学主题呈现出来的板书。教学主题可以从情感内容上提炼,也可以从艺术鉴赏角度提炼,关键是由文本与学情决定的。

一、情感内容主题

根据情感内容确定主题,教学围绕情感内容展开。板书时,文字或图标都要为情感内容服务。

在执教《丹柯》时,我确定教学主题为"燃烧的心——丹柯精神赏读",于是根据小说特点,以三要素串起板书,留下一个大大的红心在黑板上。丹柯的心如在师生目前。板书如下:

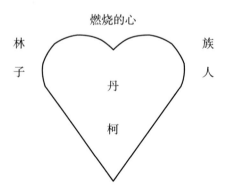

尤立增老师在执教《虞美人》时,是这样设计板书的:

尤老师围绕"愁"这一教学主题,从往事之叹、亡国之恨、离家之痛、思亲之苦、囚禁之泪的描写来感受恰似一江春水向东流的"愁"。板书条分缕析,给学生以强烈的视觉冲击感。

二、艺术鉴赏主题

根据艺术鉴赏角度确定主题,教学围绕艺术鉴赏即审美角度展开。艺术鉴赏便是宏观视野,其他的则是微观视野,所有的文字或者图标都要为艺术鉴赏服务。

褚树荣老师执教《荷花淀》时,从艺术鉴赏角度确定主题,板书设计如下:

<pre>
                    荷花淀
                     孙犁
              ┌ 构思之美   新颖精巧   改编法
       深入言语│ 景物之美   如诗如画   情境法
       体会美感│ 对话之美   富有个性   朗读法
              └ 细节之美   含蓄传神   比较法
</pre>

本节课围绕审美展开教学,鉴赏构思之美、景物之美、对话之美、细节之美,板书设计尽显简约之美。

李震老师执教《枣核》时,从"以小见大"这一艺术鉴赏主题出发设计板书:

枣　核

萧乾

索			巧设悬念
见	枣核	思乡爱国	
话	以（小）	见（大）	
议			

　　枣核为小，思乡爱国为大，以小见大的构思手法给学生留下了深刻的印象。板书不在字多，而在于精致。区区十余字，却涵盖了文章的思想与艺术。

　　当情感内容主题与艺术鉴赏主题交织在一起时，两种主题可以协调呈现，但也要确定一主一次。我在执教《寡人之于国也》时，确定了"比喻论证之下的仁政思想"的教学主题，按照学习孟子的仁政思想为主，学习比喻论证为次的意图，这样设计板书：

梁	比喻论证		
惠	↓	三不→王道之始	仁政思想
王	攻破心理防线	两要→王道之成	王无罪岁

　　孟子仁政思想主要体现在：三不——不违农时、不滥捕杀、不乱砍伐；两要——要推广种植业、畜牧业、农业，要兴办教育。让学生讨论能不能删掉"五十步笑百步"的成语故事，然后引导学生学习攻破对方心理防线的雄辩艺术（比喻论证）。教学紧紧围绕主题展开，板书起到了思维导图的作用。

第七讲

教学气质

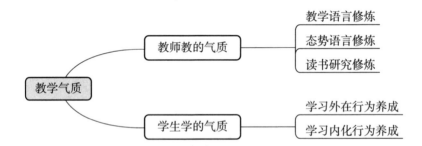

气质是"表现在心理活动的强度、速度、灵活性与指向性等方面的一种稳定的心理特征"。气质在现在的社会所表现的,是一个人从内到外的一种内在的人格魅力,比如修养、举止行为、待人接物、说话的感觉等。

教学气质是指在教学活动中,从内到外的一种人格魅力的彰显,比如课堂中呈现出来的修养、品德、教学行为、表达方式或状态等。

教学气质包括教师教的气质与学生学的气质。

从两个角度讲:一个是教师在课堂中体现出来的气质;一个是学生在学中体现出来的气质。教的气质体现出教师察言观色、有耐心、会倾听、懂尊重、有爱心等;学的气质体现出学生的学习品质:倾听、关注、尊重、包容、自信等。

教学是双向行为,教与学是相互影响的,因而教师教的气质自然而然会影响学生学的气质,学生学的气质也会促进教师教的气质的改变。

第一节 教师教的气质

帕克·帕尔默说，要充分地描述教师教学的自我内部景观图画，必须把握三种重要通道——智能的、情感的和精神的——三者无一可以忽略：把教学缩减为纯智能的，它就是冷冰冰的、抽象的；把教学缩减为纯情感的，它就成了自我陶醉；把教学缩减为纯精神的，它就丧失了现实世界之根基。智能、情感、精神依赖于相互之间的整体性，它们应完美地交织在教师的自我中。故而，我以为教师教的气质当有理性的智能、感性的情感、纯洁的精神，在课堂上，我们能看到教师的智慧思考、心灵引领、精神追求。

教师教的气质的外部呈现即态势表达与语言表达。

教师走入教室的那一刻，当呈现出良好的教的气质：抬头挺胸，眼观前方，面带微笑，声音洪亮，抑扬顿挫。

"抬头挺胸，眼观前方"给人以自信、阳刚之美，"面带微笑"给人以乐观、亲切之态，"声音洪亮，抑扬顿挫"给人以激情、愉悦之感。

深入课堂，教师的气质也会随之变化：时而眼观前方，时而侧身，时而倾身，时而注目一处，时而激昂，时而低沉，时而走向讲台，时而驻足课堂。

有一种气质叫手之舞之足之蹈之。

有一种气质叫小桥流水，润物细无声。

有一种气质叫倾斜着身子正在静静倾听。

有一种气质叫面带微笑默默地鼓励你大胆说。

教师教的气质当给学生一种亲切款待感，正如帕克·帕尔默主张的："通过提供款待，一个人就参与了所有人可依赖的社会结构的无穷尽再编织，这样，给客人的维持生命的礼物变成了主人的希望；教学也是如此：教师对学生的亲切款待会产生一个更亲切地款待教师的世界。"

教的气质当体现教师的自身认同与自身完整，唤醒学生的心灵。若干年后，学生也许记不起你教给了他们什么，但一定会记得你在课堂上给他们的美好印象。

一、教学语言修炼

语言表达是传递教学信息的听觉名片，给人以清晰、舒适、启发、暗示等作用。教师语言该是怎样的？跟平时说话一样吗？跟工人的语言一样吗？跟老百姓的语言一样吗？跟主持人、播音员的语言一样吗？应该是不一样的。在课堂中，男教师应是儒雅的、热情的、幽默的；女教师在课堂中应该是优雅的、知性的、聪慧的。有些人在课堂上就特别急，咄咄逼人，这是不好的气质。有些年轻老师上课，嘴里好像含着一个棒棒糖，说话不清不楚，一旦养成一种不好的习惯，就很难改正。教师语言，清晰、自然、洪亮、抑扬顿挫，那是多么重要。

对教学语言的不断精益求精，是提升教的气质的基本要求。书架上静静摆放的那些用坏了的录音笔从记忆的雾幔中一点点析出，岁月的苔痕变得鲜活洇湿，扁平的过往在眼前矗立起来，一层层镶嵌积叠。每节课后听录音是我从教以来保持的习惯。第一次听自己说话，感觉异常别扭，"是不是""啊""噢"简直成了口头禅，有时一节课竟然多达十余次。后来每当上课，说话快要结束时，我都尽量减慢语速，下意识地提醒自己。听录音时发现，课堂上只有我一人高谈阔论、激情澎湃，语文课堂俨然成了展现自我的舞台。于是渐渐懂得，课堂语言不是一种板着面孔的教化和一种拒人于千里之外的孤傲的独演，而应该是从里到外都能发出召唤的声音，能够把学生召唤到这堂课里来。我们的每一句话，是声音的艺术，是艺术的再现，是思想的载体。对音色的把握，对语言的选择和提炼，何时点拨，何时启发，都要斟酌和推敲，只有这样严谨地对待，才会让自己的课堂发出独特的声音。后来录音听多了，侧重点转向听课堂内容。有时觉得课堂松松散散，缺乏逻辑。在以后的教学中渐悟到课堂结构若要紧凑，必须善于提问，问题不能问得太多、太零碎，一个提纲挈领的课堂主问题，就可以让学生的思维空前活跃，可以给课堂注入无限活力。在后来的教学中，我都会精心设计课堂的主问题，课堂教学逐渐有张有弛、层次分明起来。

不少老师上课喜欢戴个"小蜜蜂"扩音器，声音嘈杂，隔壁教室的师生也因之受影响，一问原因是嗓子受不了，只能通过这样的方式来上课。课堂语言保持一定的音量是追求美的前提，嗓子容易累，多半是不会用胸腹联合呼吸。一些歌唱演员和主持人，他们连续几个小时说话都不觉得累，正因运用此法。

掌握胸腹联合呼吸的要领，首要在于掌握呼吸的基本状态。这种基本状态的吸气和呼气的要领如下：

吸气要领：吸气要深，吸到肺底，两肋打开，腹壁站定，吸气无声。

这是一种深吸气，而在生活中只有呼气结束以后才有吸气的需要。在体会吸气要领时，应将体内余气用叹气法全部呼出，再自然吸气，此时才容易体会到将气吸到肺底、两肋打开的感觉，否则易成为胸式呼吸。

辅助方法：你可以想象自己处于万花丛中，香飘四溢，你尽情地吸一口气，感觉到心旷神怡，但不能把肩抬高，应感觉到腹部向外凸，两肋在打开。

你可以想象你的胸腔和腹部是一个干瘪的篮球，吸气时就如给篮球打气一样，你会感觉到自己的胸腔和腹部在扩大。切忌抬高自己的双肩。

呼气发声时的要领：稳劲、持久、呼气与发声"挂钩"，呼出的气息支持发声的需求。

呼气时的稳劲是要求呼出的气流始终能保持一定的流速和流量，始终保持一定的气息压力，而不能先强后弱，或强弱变化无常。这样，才能保证在语流中不至于一句话开头很重、很响亮，逐渐减弱，到句尾时声音变得很弱、很飘，甚至声音发抖。

呼气时腰部要保持吸气时的感觉，随着气流的呼出，腰部不能丢掉撑开的感觉。

训练胸腹联合呼吸，在很大程度上能解决嗓子容易疲劳的问题，也能克服课堂上扯着嗓子大喊大叫的毛病。

二、态势语言修炼

态势表达是传递教学信息的视觉名片,给人以亲切、温暖、尊重感。比如有些老师上课喜欢把手放在背后,在教室里踱来踱去,这是一种不好的姿态。你这样做与学生之间难免会产生一道交流鸿沟,少了一份亲近感。有些老师,从来不用目光与学生交流,显得十分自我。教师在课堂上的装束,也很重要,这将决定教师在学生心目当中的形象。教师的形象,不仅讲究外观的美丽,得体更重要。有一次教学比赛,一位老师穿了件超短裙上课,我在评课时,对她提出了善意的批评。我说:"你作为一位教师在课堂上穿超短裙,男学生、男老师掉个东西到座位下都不敢去捡,为什么?生怕引起误会。"教师的一举一动,教师的神态表情,教师的着装打扮,无一不彰显教师教的气质。

运用好目光语。老师站在讲台上应有节奏或有规律地将视线从学生的左方扫到右方,从右方扫到左方或从前排扫到后排,从后排扫到前排。视线每走一步都是弧形,弧形又构成一个整体——环形。这叫目光环视,可以关注到每一位学生,通过这样的目光与学生亲切交流。目光也可以前视,教师视线平直向前而弧形流转,立足教室的中心线,大致为中心弧形照顾两边,直到视线落到最后一排学生头顶上。年轻老师刚上讲台可以用虚视法"眼中无学生,心中有学生",克服自己紧张的情绪;当学生在课堂上有不良举动出现时,可以用点视法,目光集中在个别学生身上。

运用好面部表情。美国著名教育家卡耐基在说到罗斯福总统演讲时,说他满脸都是动人的感情,这样使他的演讲更有力、更勇敢、更活跃。教师教学亦如是。愉快时,嘴角后拉,笑肌上提,眉毛平展,眼睛平眯;不愉快时,嘴角下垂,面颊下拉,眉毛紧锁,面孔显长。痛苦时,皱眉、眯眼、皱鼻;惊愕时,眉毛高扬,眼睛与口张开,倒吐凉气。

运用好手势语。课堂上,自然而安稳的手势,可以帮助老师平静地说明问题;急剧而有力的手势,可以帮助老师升华感情;稳妥而含蓄的手势,可以帮助老师表明心迹。仰手式手势,掌心向上,拇指自然张开,其余弯曲:手部抬高表示"赞美""欢欣""希望";平放表示"希望""请求";手部放低表示"无可奈何",也表示"很坦诚"。抚身式手势,五指抚摸自己身体的某一部分:双手抚胸表示深思、谦逊、反躬自问;以手抚头表示懊恼、回忆等。用手势传情表意、交流沟通,起到无声胜有声的艺术效果。

三、读书研究修炼

一个爱读书的教师,课堂上教的气质与不爱读书的教师有天壤之别。王崧舟说,一位老师,尤其是语文老师,在他的举手投足之间,在他的音容笑貌之间,能不能少一点市侩气,能不能多一点书卷气,取决于他能否做到天天读书。窦桂梅说,读书是教师最好的"精神化妆",因为读书能使人变得有内涵,有修养,有气度,这样的人眼睛里闪烁的是迷人的光彩,这样的老师在课堂上才能纵横捭阖、游刃有余。作为一名语文老师,读书是提升教的气质的重要途径。文化底蕴深厚的老师才能在课堂上游刃有余。参加工作以来,我广泛涉猎教育学、哲学、史学、美学、语言学、逻辑学等书籍近千本。在书海里,很多难题迎刃而解,很多迷惑豁然开朗,课堂上日渐自信从容。董一菲老师说,要想修炼锦心绣口,仅仅读书是不够的,还需要背诵这项优秀语文教师的基本功。教师课堂上文质彬彬、温文尔雅、出口成章、睿智风趣的气质,是与读书和背功离不开的。

研究全国名师是教的气质修炼的另一条途径。我曾系统研究过全国著名特级教师的课堂,从王崧舟的诗意语文,薛法根的简约语文,李吉林的情境教学到余映潮的板块式教学,黄厚江的本色语文,再到赵谦翔的绿色语文,程少堂的语文味……在诗意语文里,我懂得了诗意的语言表达;在简约语文里,我看到了简约的语言呈现;在情境教学里,我顿悟了声情并茂的叙述;在板块式教学里,我学会了紧凑有序、快慢有致地说话;在本色语文里,惊喜地看见生活化的语言如此本真无华;在绿色语文里,我发现了老师滔滔不绝地讲居然可以让学生思维洞开;在语文味教学里,我知道了幽默让教学有温度、有灵魂。

教的气质是一种习惯的养成。除读书研究之外,也要养成思考的习惯。平时爱思考的老师,课堂上也会显得睿智与敏锐,给学生以智慧。

第二节　学生学的气质

去学校听课，常常会被这样的一道风景所感动，只见班上的学生：

眼里闪烁着光芒，面部常带着微笑；

非常专注地看着题目或黑板，你甚至感觉不到教室里有丝毫嘈杂；

时有欢笑声，时有辩论语；

大声朗读课文，时不时举手回答问题。

这就是学生良好的学的气质。马克斯·范梅南说："我们从一位伟大的老师那里所'获得'的与其说是一个具体的知识体系或一组技巧，还不如说是这位体现和代表知识的老师的行为方式——他和她的生活热情、严于律己、献身精神、人格力量、强烈的责任，等等。"学生学的气质来自教师教的气质，教师的言行深深地影响着学生的言行。

然而，学生学的气质除了跟教师的心灵影响有关外，还跟他们自身的学习习惯的养成有关。课堂上教师要教学生懂得倾听，学会对话；要教学生养成展示的习惯、讨论的习惯、思考的习惯、提问的习惯、总结归纳的习惯，等等。

一、学习外在行为养成

学习外在行为主要体现在简单的学习动作上，换句话说，就是机械的学习操作，不需要动多少脑筋就可以做到的，故而十分容易养成；但这样的外在行为，恰恰会影响内化行为的养成。

（1）课前准备好。上课铃一响，停止讲话，准备好本节课的相关教材和资料。这是学习应有的态度，一个好的班级该有的学相。很多年轻教师由于带班经验不足，在学生上课准备方面强调得不够，导致上课时学生脚忙手乱。

（2）端正坐姿。胸部距课桌一拳，眼离书本一尺。为防止学生近视，一定要他们保持端正的坐姿；当学生没有按照规定执行时，老师要适时指正。一个负责任的老师，一定是从学生身心健康角度为学生着想的。

（3）课上尊重他人。课上学生要懂得尊重老师，回答问题要举手；要及时、认真完成教师的教学指令；不跟周围同学交头接耳，不吃零食，不搞小动作。学生也要懂得尊重学生，不打断同学的讲话。课堂上说话语气要平和，多点喜悦，不要愤怒；多点谦和，不要傲慢。

（4）课后作业完成好。课后一定要高质量完成老师布置的作业，要书写工整，不抄袭，不拖欠。

学生的良好习惯，需要教师的监管与引导，故而教师上课时务必要给学生一定的课堂秩序约束，使之养成一种学习习惯，习惯成自然，良好的学的气质渐渐就形成了。

二、学习内化行为养成

学习内化行为是学生内化了学习认同感后彰显出来的学习行为。学习内化行为养成需要一定的时间，它是学生学习品质的外在呈现。学习内化行为，不仅体现在学习的精神层面，而且体现在整个班级学习共同体的建设上，它是一种自觉的高质量的学习行为。让·皮亚杰说，每一个行为——所涉及的只要是一个伸向外界的动作，或者是一个内化了的动作——都表现为一种适应，或者更确切地说，表现为一种需要。个体只有在感受到一种需要时，也就是说，只有环境与有机体之间的平衡被暂时打破时，他才有行动，并且其行动是致力于重建这个平衡，更明确地说，是致力于重新适应有机体。只有真正热爱学习，而且愿意投身到学习中的学生，才会将老师强制性的规定内化为自身的一种成长行为。所以，学习内化行为一定建立在一种需要的基础上，那就是对高品质学习的需要。教师一定要独担其责，唤起学生对语文学习的兴趣，让他们重建自身能力与目标要求之间的学习平衡。

我在一线时，曾给学生们写下学习养成歌：

> 精神饱满到课堂，
> 自信勇敢不畏难。
> 回答问题声响亮，
> 勤于思考多亮相。
> 学会倾听与对话，
> 敢于展示不慌张。
> 组长负责共监督，
> 班长努力做榜样。
> 碰上难题不紧张，
> 学习小组来帮忙。

我是班主任兼语文老师，根据班级特点，组建了学习共同体以帮助学生构建自身需要与学习目标之间的平衡。全班分成好几个学习小组，每个学习小组推荐一名组长；小组长很负责，班长做学习的榜样。每个学生由于有一种自我的高要求，渐渐地养成了思考、倾听、展示、对话的好习惯。课堂上，学生坐姿端正，回答问题积极主动，他们阳光自信，很有修养。每每走进教室，看着学生们的学习状态，难抑心中喜悦之情。艺术始于细微，教学切不可放过学生学的细节。教育是农业，教师当懂得慢慢培育之理，使学生良好的学的气质日渐养成。

第八讲

教学体系

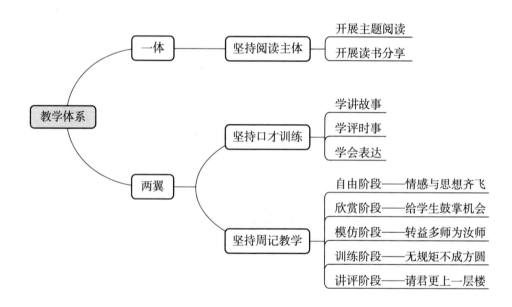

体系是指"若干有关事物或某些意识相互联系的系统而构成的一个有特定功能的有机整体"。教学体系是指若干教学相关内容构成的一个有机整体，重在教学系统的构建，而非指单一的课堂教学。

光靠一两节语文课就能把语文学好的神话是不存在的，优秀教师当以构建教学体系为己任，系统进行语文教学研究与实践。在语文教育的不断探索中，我逐渐构建起"一体两翼"语文教学体系，把语文学习引向更广阔的听、说、读、写天地。

"一体两翼"语文教学体系，即以阅读为主体，口才、文才为两翼，全面提高学生语文素养的一种语文教学有机整体。阅读是吸收，是输入，是思考和积淀，它促进思维，陶冶心灵，丰富底蕴，提高审美情趣，积累读书方法，构建学生的话语体系与精神世界，为输出打好基础。口才和文才是倾吐，是输出，是发展和提升。叶圣陶先生说："彼时同人之意，以为口头为'语'，书面为'文'，文本于语，不可偏指，故合言之。亦见此学科'听''说''读''写'宜并重。"张志公先生也说："在普通教育阶段，这门功课应当教学生在口头上和书面上掌握贴近生活实际，切合日常应用的语言能力。""一体两翼"语文教学体系旨在为学生的口才与文才输出而教，为了更好地输出必须有阅读这一主体的输入；输入与输出亦是相辅相成的，输入为了更好地输出，输出又倒逼高质量的输入。"一体两翼"语文教学体系的终极目标是把学生培养成"出口能成章，下笔可成文，走向真善美"的人。

第一节　坚持阅读主体

在我们身边，总能看见一些老师从高一开始就实行题海战术。也许，一场屡见不鲜的语文题海战，很容易唤醒人们生活的亲历感；一次条分缕析的答题技巧点拨，又极易引发学生的好奇心和对分数的既得感；赢得高分的手段在一个唯分数论的时代，还可能成为献媚社会换取关注的成功案例……然而，我清醒地意识到这一切的背后只能是疯狂的应试、肢解的课堂、空虚的内心。语文课堂沦为字音、字形、成语、病句等高考习题的堆叠，语文教学被速成的答题技巧所取代，文学作品被肢解，文字没有了生命，学生没有了灵气，教师也没有了个性，思接千载、视通万里的鲜活课堂成了遥远的绝响，教室成了囚禁文字奴隶和思想俘虏的围城……这样的应试教学，语文的精魂何在？学生的发展何在？

语文绝非带着镣铐的舞蹈，浮躁肤浅与育人情怀，耽于分数与专注灵魂，急功近利与关切人性，炫耀技法与归于本真，这一切区分了教育者精神与教学品质的高下。

教育是有生命力的完整思想体系，其内核是教育者智慧的光芒和发自内心的关爱。关切人生、救赎人性，执著于人生畅意的抒情，不悔于个性发展的诗性，这种柔韧与坚守一旦抵进了教育育人的本质性、人性延展的独特性和品质呵护的深沉性，本身就具备了超拔世俗的精神高贵。

我大胆拒绝将语文教学习题化，高一高二学段坚持课后不布置做题训练，晚自习辅导坚决不考试，主张学生多阅读、勤写作，把语文教学指向能力的培养。

坚持阅读主体不放松。课堂上坚持教"有发现的阅读"（第二讲，已作了详细介绍）；课外，高一高二坚持不布置做题练习，让学生有充裕的阅读时间。成立班级图书馆，每个学生至少购买图书一本，然后交流阅读。我曾经带的一个班级三年下来，有的学生读书近百本。

一、开展主题阅读

主题阅读是为适应新课程标准和新课程语文教材实施的需要、体现学生自主学习特点的一种阅读方式，是指学生在老师指导下根据实际学情就某个主题进行深入、广泛阅读的一种学习方式。于漪老师说："就教学而言，精读是主体，博览是补充；就效果而言，精读是准备，博览是应用。一定要让学生'嗜书'，不'嗜'必然知识浅薄，视野狭窄。学生嗜书的感情不是天生的，靠引导，靠培养。培养学生的阅读嗜好，就等于帮他们找到源远流长的知识的泉眼。并且让学生在人类、社会、生命的层面上来学习语文。"主题阅读就是要学生博览奠基，唤起他们追寻真、善、美的情怀，最终构建起自己的精神家园。主题阅读可以从"篇"与"书"两个层面展开。

"篇"的主题阅读。"篇"的主题阅读是指读一篇篇相关主题的文章。窦桂梅老师说，这些年她从教材的一篇文章引发开去，根据主题的相同和相近进行重组，向着语文的广度开拓。"篇"的主题阅读就是从篇出发开展的系列阅读，一般在晚自习或语文阅读课进行；依托课标规定的"学习任务群"，老师可以确定相应的"篇"的主题。比如确定"铮铮铁骨真英雄"阅读主题，可以向学生推荐王开岭的《两千年前的闪击》、梁实秋的《记张自忠将军》、梁衡的《武侯祠：一千五百年的沉思》、卞毓方的《悲壮的超越》等散文；确定"永远的精神贵族"阅读主题，可以组织学生读纪弦的《光明的追求者》、余秋雨的《一位让人心疼的大师》、陈丹青的《鲁迅的好看和好玩》等散文。"篇"的主题阅读，可以在短时间内完成，所受限制相对较少。

"书"的主题阅读。"书"的主题阅读是指读一本本相关主题的书。比如在执教宋词单元时，针对单元主题，专门指定阅读书目，确定这样的主题阅读："大江东去苏东坡""金戈铁马辛弃疾""梧桐夜雨李清照""白衣卿相柳三变"。通过阅读林语堂的《苏东坡传》、邓广铭的《辛弃疾传》等作者传记以及他们的经典诗词选集，学生对古典诗词的阅读有了质的提升，语文学习的热情也更加强烈。针对中国古典名著，可以确定"古典名著在我心"的主题，带学生阅读四大名著等作品，感受古典文学的独特魅力。

二、开展读书分享

有了阅读的底子，必须以输出的方式内化、提升，于是口才训练与作文教学同步进行。

主题阅读可以读书报告会的形式展开，要求学生写读书心得，训练文笔；也可要求学生将自己的阅读体会通过口头表达出来，这样既可以训练学生概括、联想等思维，也可以训练他们的口才。读书报告会内容主要以"读书学做人""读书学作文"两方面呈现。

读书学做人。由于学生喜欢上了阅读，读书报告会精彩纷呈、高潮迭起，有的学生口若悬河、滔滔不绝，有的学生本色质朴、有条有理，有的学生温文尔雅、处乱不惊，有的学生悲意慷慨、清歌激扬。读书报告会上，一位女生这样说道：

曾感伤于"人生若只如初见，何事秋风悲画扇"的无奈，也曾惊叹于"不是人间富贵花"的高洁。他的才情、诗意，深深地触动了我的心弦。一个不食人间烟火，一个不渴慕布衣清欢，一个只思冰天雪地、三秋落叶的柔情似水的才子，又怎会在意仕途的不顺？又怎会去渴求那所谓的荣华富贵？在我看来，他拥有一颗如雪的心，即使处在一个集富贵与荣华、显赫与威望的家族之中，他依旧保留着那份高洁的情怀——一种不流世俗、与世无争的情怀。《西风多少恨，吹不散眉弯》这本书，讲述了纳兰容若不凡的一生，作者用禅意、空灵、优美的文字，勾勒出一个至情至性的才子，将他的生平娓娓道来。

对纳兰性德人生的描述，深切又动情，"不流世俗、与世无争、至情至性"这人世间至美的人格气象在学生心底扎根，必将影响其一生。阅读可怡情、养性，是一种无言的教育；语文老师当为学生心灵洗濯尘垢，为培养真善美的人担当、守责。

在一次《水浒传》读书分享会上,有同学与众生分享书中的几段描写:

行至寨前第三关上,只听得空中数行宾鸿嘹亮。花荣寻思道:"晁盖却才意思,不信我射断绒绦。何不今日就此施逞些手段,教他们众人看,日后敬伏我?"把眼一观,随行人伴数内却有带弓箭的。花荣便问他讨过一张弓来,在手看时,却是一张泥金鹊画细弓,正中花荣意。急取过一枝好箭,便对晁盖道:"恰才兄长见说花荣射断绒绦,众头领似有不信之意,远远的有一行雁来,花荣未敢夸口,这枝箭要射雁行内第三只雁的头上。射不中时,众头领休笑。"花荣搭上箭,曳满弓,觑得亲切,望空中只一箭射去。但见:

鹊画弓弯开秋月,雕翎箭发迸寒星。塞雁排空,八字纵横不乱;将军拈箭,一发端的不差。孤影向云中倒坠,数声在草内哀鸣。血模糊半浣绿梢翎,大寨下众人齐喝彩。

当下花荣一箭,果然正中雁行内第三只,直坠落山坡下。急叫军士取来看时,那枝箭正穿在雁头上。晁盖和众头领看了,尽皆骇然,都称花荣做神臂将军。吴学究称赞道:"休言将军比小李广,便是养由基也不及神手,真乃是山寨有幸!"自此梁山泊无一个不钦敬花荣。

该生说:"以前我不敢展示自己,读了花荣的故事后,我深受启发。想当年毛遂自荐,而成一世英名;梁山好汉花荣,用自己高超的技艺赢得他人的钦敬。而我更想说的是,一个人敢不敢于展示一定要有实力奠基,有了实力再抢抓时机,人生就会迎来不一样的明天。"

在阅读中,学生提升了人生智慧;在生活中,为我所用。分享如何做人环节,一定要让学生展示精彩的片段,让其他同学可以看见,共同欣赏,以求相互受益。

读书学作文。吕叔湘先生曾说:"少数语文水平较好的学生,你要问他的经验,异口同声说是得益于课外看书。"在分享会上,学生们谈他们读书后的作文启示,十分有意思。一位同学读了《红楼梦》后,跟大家分享场面描写,他先展示了书中"凤姐发疯"的场面:

一干人都来园内看视,登时乱麻一般。正都没个主见,只见凤姐手持一把明晃晃钢刀砍进园来，见鸡杀鸡，见狗杀狗，见人就要杀人。众人越发慌了。周瑞媳妇忙带着几个有力量的胆壮的婆娘上去抱住，夺下刀来，抬回房去。平儿、丰儿等哭得泪天泪地。贾政等心中也有些烦难，顾了这里，丢不下那里。

别人慌张自不必讲，独有薛蟠更比诸人忙到十分去：又恐薛姨妈被人挤倒，又恐薛宝钗被人瞧见，又恐香菱被人臊皮，——知道贾珍等是在女人身上做功夫的，因此忙得不堪。忽一眼瞥见了林黛玉风流婉转，已酥倒在那里。

当下众人七言八语，有的说请端公送祟的，有的说请巫婆跳神的，有的又荐玉皇阁的张真人，种种喧腾不一。

学生说场面描写贵在有场面。人物的个性在场面中最能体现，也最能传神。你看薛蟠的心理与动作描写，简直把这个人写绝了。这样的分享给学生们带来十足的快乐与收获，他们爱上了阅读，也乐于分享。

读书报告会不仅锻炼了学生的口才，也拓展了学生的视野，更激发了学生读书的兴趣。他们的语文成绩一直居于年级前列。

第二节　坚持口才训练

坚持课前五分钟口才训练，让每一位学生都能勇敢地登上讲台，让每个学生都踊跃地去施展自己的才华，争取做到出口便成章。吕叔湘先生曾多次强调："不谈语言本身的训练，就拿文字的教学来说，撇开语言教文字，教学效率也一定很低""能够把一件事情说得有头有尾，次序分明，写下来就可能是一篇很好的记叙文；能够把一个道理说得有条不紊，透彻有力，写下来就可能是一篇很好的论说文"。基于学情差异，可针对不同对象规定不同要求：有基础者可以即兴演讲，基础稍弱者可以写好讲稿演讲；高一高二重在叙事，学会讲好故事；高三重在议论，说话有条理。记得一位姓杨的学生，生性内向、不善言辞，第一次上台，傻傻地站在讲台上说不出话来。后来，我经常鼓励他，给他发言的机会；有时也去激励他，让他认识到自己的弱点。几个月后的一节语文课上，他自信地登上了讲台，激情澎湃地谈论班上的有关情况，赢得了同学们的热烈掌声。有一学生说："老师，您成功了。"是的，在语文课堂上，让一位不敢在公开场合说话的学生大胆地说出自己的想法，老师是幸福的。一节晚自习课后，杨同学递给我一张小纸条，上面写着：老师，认识您，真好。当时，我也想：有这样的学生，真好。此外，开设朗诵训练课，一个月开展一次读书报告会，让学生充分地说；特别是课堂上，重点突出学生的口头表达。可以讲，这样的课堂，学生是非常乐意说的。

总体上说，训练学生口才主要是训练他们说话得体的能力，训练他们讲故事、评时事的能力。口才训练既关注了生活，又指向了阅读，最终走向人的培养。

一、学讲故事

学会讲故事,可以讲身边事,也可以讲书中事,总体要求是完整、有味、有情、有理。故事情节必须完整,有起承转合,有开始、高潮、结尾。完整重在训练学生的观察力、语言组织力、复述力和记忆力;有味,要求学生甩包袱、有铺垫,艺术性地表达;有情,即要求学生能够声情并茂地表达;有理,要求学生理性思考,学会明理。

《红楼梦》里贾宝玉是一个讲故事的高手,那段小耗子偷香芋的故事,令人捧腹。我曾让学生读《红楼梦》后,模仿贾宝玉的样子来讲这个故事,同时学习讲故事的方法。

林子洞里原来有群耗子精。那一年腊月初七日,老耗子升座议事。因说:"明日乃是腊八,世上人都熬腊八粥。如今我们洞中果品短少,须得趁此打劫些来方妙。"乃拔令箭一枝,遣一能干的小耗前去打听。一时小耗回报:"各处察访打听已毕,惟有山下庙里果米最多。"老耗问:"米有几样?果有几品?"

小耗道:"米豆成仓,不可胜记。果品有五种:一红枣,二栗子,三落花生,四菱角,五香芋。"老耗听了大喜,即时点耗前去。乃拔令箭问:"谁去偷米?"一耗便接令去偷米。又拔令箭问:"谁去偷豆?"又一耗接令去偷豆。然后一一的都各领令去了。只剩了香芋一种,因又拔令箭问:"谁去偷香芋?"只见一个极小极弱的小耗应道:"我愿去偷香芋。"老耗并众耗见他这样,恐不谙练,且怯懦无力,都不准他去。

小耗道:"我虽年小身弱,却是法术无边,口齿伶俐,机谋深远。此去管比他们偷的还巧呢。"众耗忙问:"如何比他们巧呢?"小耗道:"我不学他们直偷,我只摇身一变,也变成个香芋,滚在香芋堆里,使人看不出,听不见,却暗暗的用分身法搬运,渐渐的就搬运尽了。岂不比直偷硬取的巧些?"众耗听了,都道:"妙却妙,只是不知怎么个变法,你先变个我们瞧瞧。"小耗听了,笑道:"这个不难,等我变来。"说毕,摇身说"变",竟变了一个最标致美貌的一位小姐。众耗忙笑道:"变错了,变错了。原说变果子的，如何变出小姐来？"小耗现形笑道："我说你们没见世面，只认得这果子是香芋，却不知盐课林老爷的小姐才是真正的香玉呢。"

学讲故事，一定要背下故事。古人讲的博闻强识，不仅是积累了知识，而且培养了语感。出口成章者，往往是饱读诗书者。从书中学讲故事，一定要狠下训练的功夫。背下来，讲出来了，最后把故事分析出来。小耗子偷香芋的故事，妙在哪里？学生你一言，我一语。有人说，运用谐音手法，很巧妙；有人说，有波澜，巧妙伏笔；有人说，多用疑问，引发兴趣；也有人说，贾宝玉讲的这个故事，只是一个笑话而已，少了理与情。通过这样的训练，学生在感性与理性中沉淀智慧，提升语言的感知力。从生活中积累素材，从书本里提炼方法，日积月累，他们说故事的能力会日渐进步，写作记叙文的本领亦会跟着见长。

二、学评时事

评时事，即要求学生对时事进行评价。进行时事评论时，依据哲学原理，学生一定要做好观察员"善于把事情看清楚"，当好分析员"能够把问题想透彻"，成为评论员"学会把道理讲明白"，以此训练学生的洞察力、分析力与表达力。经过评时事的训练，学生对事物的敏锐力、对问题的思考力、对观点的表达力，将大幅度提升。

首先善于把事情看清楚。时事评论旨在通过关心现实、关心人、关心实践来提升认识，深刻理解社会。很多人在评论时，只看到事物的表面或者局部，就大发议论，因而出现"论点多、论据少；结论多、论证少"的情况。在训练学生评论时事时，务必让学生不要轻易发声，而要冷静、客观观察后再表态。在没有把事情看清楚前，不要把个人的判断和爱好强加于人。看清就是要看到事情的"实然"状态，要看到它的来龙去脉，在细节处留意。曾经不少人对2019年山东杨守梅老师"惩戒"学生事件有着不同的评论，但事实上又有多少人真正知道事情的真相呢？我曾问学生："杨老师是如何'惩戒'学生的呢？她出自何种心理呢？"他们几乎回答不出来。事情没看清,甚至都没看,就想当然地对之大加挞伐,这是十分不可取的。"没有调查,就没有发言权",学评时事还得培养培养调查的好习惯。

其次能够把问题想透彻。什么叫想透彻?李德盛先生认为把问题想透彻,就是指不仅在逻辑上完整一贯,既没有重大缺失,也没有自相矛盾,而且要针对问题最终提供一个可行的解决方案。想透彻就要学会分析原因,懂得推理,能透过现象看本质;有批判,也要会建设。

最后学会把道理讲明白。道理讲不明白是因为自己压根没有明白这个道理,要想明白道理必须善于把事情看清楚,能够把问题想透彻;问题想透彻了,把你透彻的思考再现出来,合乎逻辑地表达出来。

学评时事,离不开师生对时事的关注。几年前,我班的学生关注到一则新闻:

网络红人"炫富姐"再发裸照"重出江湖"。炫富姐自称是上海人,某知名房地产老总独生女,保守估计坐拥30亿身家,日进400万元。她在微博上传自己的全裸照,还声明征婚条件:男方要20亿(美元)身价起,有ENBA硕士学位。

在课前训练时,这位同学是这样展开评论的:

近日,一"炫富姐"在微博上传自己的全裸照征婚,要求男方条件:20亿(美元)身价起,有ENBA硕士学位。

看着这则新闻,为之惊叹之余,心生疑惑:这位"炫富姐"是征婚还是炒作?难道现在以不穿衣服,晒肉体为美了?不禁想问:"今天,你裸了吗?"

记起车模干露露。她一夜之间蹿红,由普通车模成为万人追捧的明星,飞跃的秘籍是:她露、她裸,她能在车展上衣不遮体,也敢在摄影机前一丝不挂;她用身体代替名片,还不知廉耻地跟他人交换。

还有一位叫韩子萱的,曝大尺度艳照后,在微博中竟然说:"我根本看不上那些没房没车的男人,更不会和他们交往,何况我自己有房有车。"

她们敢裸的勇气和大言不惭的气魄,很是让我们佩服。但她们一张张性感裸照玷污了大家的眼球,我担心她们很可能患上了严重的裸露癖。

当然，我并不主张用三从四德的封建礼教来约束如今的女子，让她们出门时将自己裹得严严实实的，还迈着三寸金莲小步。但若置起码的人格尊严而不顾，我们的道德底线在哪里？我们的审美标准在哪里？裸露固然是一种美，如人体艺术，但如果泛滥开来，那么也只有和色情画上等号了。

其实，对于个人来说，身材好是你的优势，但是身材好的不止你一人，何苦抛开脸皮来裸呢？何苦用那些金钱的光芒来照亮你那肮脏的灵魂呢？这对社会发展也没有什么益处，可以说根本没有一点用，最多是人们饭后的调侃和骂名罢了，虽然有那么几个人靠裸露暂时红了一把。靠裸来炒作，裸的不是肉体，而是被扭曲了的灵魂。

进一步想，如果社会不给这干人提供裸露的舞台，让"炫富姐"之徒独自炫啊、露啊，如果端正我们的审美态度，不跟着瞎起哄，她们还觉得有趣吗？

一次干露露母女在江苏教育电视台节目录制中大言不惭、爆粗口，想借此炒作一回，趁机大赚一把，遗憾的是，该节目被停播了。广电总局新闻发言人明确表示，江苏教育电视台罔顾媒体社会责任，为丑恶言行提供展示舞台，造成恶劣社会影响，应当受到严厉谴责。

当丑闻劣迹者无法在网络、移动终端在内的各类视听新媒体中发声出镜时，裸露时代也当终结了。

由于学生评论前的功夫做得好，评论起来清清楚楚、明明白白；有批判，也有建议；思想深刻，联系实际，赢得了同学们的热烈掌声。

康德说，训诫是为了阻止坏习惯，而准则是为了培养思维方式。在训练学生讲故事、评时事时一定要遵循相应的准则，以此形成良好的思维方式。为了更好地进行训练，也可让学生模仿电视名家去讲故事、评时事。吕叔湘先生说："任何技能都必须具备两个特点，一是正确，二是熟练。要正确必须善于摹仿，要熟练必须反复实践。"教师的责任在于，想方设法确保学生的实践活动长期开展下去。

三、学会表达

有的人说话喜欢长句，有的人偏好短句，有的人习惯寻章摘句，有的人青睐俗话、俚语，这就是大家所说的表达吧。对于为文，吕叔湘先生说，不管是写人、写事、写物、写景，写的都是自己的观察，自己的感受；不玩弄词语，不玩弄读者。说话亦如是。

比如在2020年初的武汉疫情中，日本送来医疗物资，物资上贴着"山川异域，风月同天"，大家对这八个字赞誉有加，认为"武汉加油"修辞贫瘠、表意粗浅。其实，"山川异域，风月同天"是一种表达，"武汉加油"亦是一种表达。前者典雅，后者通俗，如此而已。就好比一位是大家闺秀，一位是乡村小妹，各有千秋。

"山川异域，风月同天"随处可用，但"武汉加油"只能针对武汉。有些话虽美，但用多了就成了套板反应，如：美人都是"柳腰桃面""王嫱、西施"，才子都是"学富五车，才高八斗"；谈风景必是"春花秋月"，叙离别不外"柳岸灞桥"；做买卖都有"端木遗风"，到现在用铅字排印书籍还是"付梓""杀青"。（朱光潜语）好的语言应该是鲜活的，立足于现实的。

你见到过山路吗？有时，它在绿丛林的掩映下断断续续；有时，一片浮云飘来，这本来就若隐若现的山间小径便干脆消失于其间了；还有时，那巍峨险峻的高山，根本没有一条路可以通向它的顶点，而一旦有勇敢的攀登者历尽艰辛，登上这高山之巅，那么他就可以尽情地领略那万千气象，无限风光。

这段文字美吗？的确很美——词汇丰富，句法繁复。而吕叔湘先生说，作者说的是客套话，闻其声不见其人，显得做作。

再看下面一段文字：

我特别喜欢爸爸。他高高的个子，谈吐举止常常惹人发笑，但当他对什么都不满意的时候，我又有点怕他。妈妈搞地震研究工作，一天到晚总是那么忙，忙到几乎顾不上我们。妹妹只有八岁。我和她既是姐妹，又是冤家。

当我管她的时候,她总是说:"你管得着吗?"说罢还常常送给我一个白眼。要不是妈妈在旁边,我非给她两下子不可。

这段文字如何?有点幼稚,是一位初中生写的。但吕叔湘先生认为,作者说的是自己的话,读其文如见其人,真实自然。在口才训练时,我们更提倡用真实、活泼、自然、富有生活气息的语言去表达我们的观点与思想。

吕叔湘先生说,看不出有什么个人特点而只是妥帖的文章是最好的文章。这就涉及表达得体的问题了。

朱光潜先生在《我与文学及其他》中说:

一篇文学作品到了手,我第一步就留心它的语文。如果它在这方面有毛病,我对它的情感就冷淡了好些。我并非要求美丽的词藻,存心装饰的文章甚至使我嫌恶;我所要求的是语文的精确妥帖,心里所要说的与手里所写出来的完全一致,不含糊,也不夸张,最适当的字句安排在最适当的位置。那一句话只有那一个说法,稍加增减更动,便不是那么一回事……这种精确妥帖的语文颇不是易事,它需要尖锐的敏感,极端的谨严和极艰苦的挣扎。一般人通常只是得过且过,到大致不差时便不再苛求。

说话选用什么词语?适合,最佳。适合某人,适合某时,适合某心境,适合某场景。总之,要学会"到什么山头唱什么歌"。

1944年9月8日,毛主席在张思德同志追悼会上演讲说:

人总是要死的,但死的意义有不同。中国古时候有个文学家叫做司马迁的说过:人固有一死,或重于泰山,或轻于鸿毛。为人民利益而死的,就比泰山还重;替法西斯卖力,替剥削人民和压迫人民的人去死,就比鸿毛还轻。

"中国古时候有个文学家叫做司马迁的",毛主席为何不直接说"司马迁说",或者"司马迁云",而偏偏来一句"中国古时候有个文学家"呢?从表达上讲岂不是啰嗦多余吗?细细想来,不得不佩服毛主席的语言表达功夫。因为他在一群文化水平不高的士兵面前说话,很多人根本不知道司马迁什么职业、什么身份，所以他要告诉士兵们司马迁是古代的一位文学家。"人固有一死，或重于泰山，或轻于鸿毛"想必他们也是听不懂的，所以毛主席才有后面的"比泰山还重""比鸿毛还轻"的解释。如果毛主席时而来一句"为有牺牲多壮志，敢教日月换新天"，时而来一句"博大胆识铁石坚，刀光剑影任翔旋"，这篇演讲的吸引力和说服力就少了很多。

记得 2001 年江苏高考满分作文《赤兔之死》，作者通篇运用纯熟的古白话，洋洋洒洒近 1000 字，文笔洗练，底蕴深厚，轰动一时，引得举国学子效仿。而在 2017 年高考中，一考生也用文言文写作：

广场舞、共享单车、一带一路，皆有共享之义。广场舞，共享其乐以健其身也；共享单车，共享其货以尽其用也；一带一路，共享其利以化天下也。共享之义，自古有之。《礼》曰："货恶其弃于地也，不必藏于己；力恶其不出于身也，不必为己。"故此三者，通于古之道合乎今之宜者也。

单看此段文字，不得不为该考生击节叹赞；但从写作对象——外国青年（"写一篇文章帮助外国青年读懂中国"）来看，这样的表达似乎就不得体了——叫人家如何听得懂呢？

注意得体，其实就是要注意说话的对象。不管是作文，还是平常生活交流，都需要这样的能力。

第三节 坚持周记教学

爱因斯坦说："教育应当使所提供的东西让学生作为一种宝贵的礼物来领受，而不是作为一种艰苦的任务要他负担。"作文教学亦如是：教学内容应让学生作为一种宝贵的礼物来领受，而不是一种枯燥无味的负担。

在一线教学时，学生们喜欢叫我"文艺青年"，大抵是因为我喜欢文学，常常写下水作文。喜欢文学始于年少时代。那时常在暗黄的煤油灯下听祖母讲小红帽、卖火柴的小女孩的故事，祖母没上过学，但她非常善于讲故事，可以毫不夸张地说，我的童年是在祖母的故事里度过的。

上小学后，茶余饭后，父亲会津津有味地跟我讲《三国演义》《水浒传》里的英雄人物，父亲只有小学学历，但他口才极好，熟读四大名著，还经常告诫我：要出口成章，写一手好文章。受祖母和父亲的影响，后来写作成了我生活的一部分。当老师后，我一直鼓励学生大量阅读、大胆说话、自由写作。在作文教学上我只干了一件事——坚持周记教学，重点做了五个阶段的文章。

一、自由阶段——情感与思想齐飞

作文教学时，我们总希望能支给学生作文的绝招，于是什么方法、什么套路、什么秘籍充斥着作文教学的净土，可谓五花八门、形形色色。方法当然要讲，但作文教学不可忽略情感的熏陶。"情乃文之经"，文章缺少了情感犹若鲜花离开了土壤，是没有生命力可谈的。

一次作文教学让我感受颇深。课前我发了三张作文资料，让学生学习记叙文的写作；上课时我要求他们谈一谈让自己最感动的文章，他们中的很多人都谈到了散文《那枝枯萎的康乃馨》和《拾馒头的父亲》,因为他们看到了博大的亲情、感人的场景。

其中一位女生深情地说:"父爱之所以伟大,是因为它不分贵贱,爱的本质是一样的,作为学生应该好好学习,报答父母那份浓浓的爱。"话音刚落,教室里掌声四起。然后我接上该女生的话,引出了朱自清的《背影》、魏巍的《我的老师》,最后延伸到学生的父母,谈到了父母的含辛茹苦。其中一位女生悄悄地流下了眼泪,后来她在周记里写了一篇有关父亲的文字,读来令人动容。

其实,当学生有一种迫不及待的情感要抒发要流露,就意味着他们有了写作的欲望,有了此种欲望就走好了作文教学的第一步。

此外,作文教学务必教学生思考。教育的主要目的是教会学生思考,作文的过程必然是思维的过程。但由于教育的功利性,许多老师忽略了学生"思考"的环节,学生压根儿就不会"想"。程式化、模板化,没有生活体验、没有思想、没有情感,说空话、套话,自然就成了学生作文的通病。

作文教学没有了想,是无法感受写作的快乐的,故而引导学生在平常处发现不寻常、生活中多感悟,大有必要。周记教学,切忌死搬硬套一些高考作文专家的模板,否则会僵化了学生思维。所以,学生写周记时,就要鼓励学生不要害怕考场的条条框框,不管文章构思高低,不想开头与结尾精妙与否,不在乎字数的多与寡,"我"的周记"我"做主,只需要表达自己最想表达的思想,尽情去倾诉自己的喜怒哀乐就行了。

在这片天地里,要做一个自由的人,没有羁绊,没有约束,没有老师评审的眼光;你的情感、你的体验,只需在真实的文字里静静地流淌,流成潺潺小溪,汇成滔滔大江。

一位学生在她的周记里如是写道:

一如往常,第一节课又是数学课,早上很早爬起来、晚上很晚才睡觉的我听得昏昏欲睡。眼睛一会儿闭、一会儿睁,闭上眼时,又惟恐被老师看到,然后被罚站;睁着眼,却哈欠连天。再看看其他人,有的低着头,似乎在"沉思";有的用手托住下巴,眼睛微眯着;有的看似精神良好,可仔细一瞧，正用手捏自己呢！像是在自虐一般。老师的话就是催眠曲，时间仿佛停滞了……

读罢文字，我们不得不为小作者的文字击掌叫好，文章描写真实、精彩，对数学课的厌烦可见一斑，这样的文字是生命的真实体验，鲜活、灵动、耐人寻味。

二、欣赏阶段——给学生鼓掌机会

美国心理学家威廉·詹姆士说："人类本质中最殷切的需求是渴望被肯定。"学生辛辛苦苦写的周记，若能得到老师的肯定，这对于唤起他们写作的欲望，何其重要啊。

有时，鼓励是作文教学的催发剂。记得林清玄在《棒喝与广长舌》一文中说，他曾是一位令学校失望的学生，而他的国文老师王雨苍先生没有放弃他，不惜在他的作文簿上给他最高的分，推荐他参加校外的作文比赛，还时常对他说："我教了五十年书，第一眼就看出你是会成器的学生。"

我想，林清玄与文字结缘，成为著名的散文大家，与王雨苍先生的鼓励多少有点关联吧。所以，当批改学生的周记时，一定要带着审美的眼光多发现学生的闪光点。

办公室常有老师在批阅学生作文时，眉头紧蹙，愤言"学生一届不如一届"。其实，当我们用欣赏的眼光去审视学生的周记时，你总能享受到一种美，或是一种洒脱、一种纯真，或是一种顽皮、一种愤青。

我通常喜欢在课堂上朗读学生的周记，还创办班刊《雏凤清声》刊载他们的优秀作品。一位考上北京理工大学的学生来信对我说：

三年了，您于我而言，亦师亦友。记得高一时您把我的一首周记本上的诗印发给全班同学，从那时起，我爱上了语文。尽管我学的是理科，可文字是我最大的爱好。

高中三年，您是我最敬爱的老师，以后仍是。现在我毕业了，再也不会有人来让我写高考作文了，但是我仍深爱着文字。偶尔写写，想起您的谆谆教诲，心中谢意难以言表。在此我想说，您是我一生的、永远的老师，作为您的学生，我敬您！爱您！

读到这样的文字，我们的周记教学，已经超越了教学，不是吗？

一次读学生的周记，被学生对周记写作的热爱而感动：

这个学期也快过去了，这伴我一学期的周记本也将终了它的服役。当然，我不是作家，我只是一名学生。我没有那么多让人称赞的文章，大多是一些个人感想而已，当初就想撕去，可没有下手。后来我觉得，人不可能有完美，灯光下会有阴影。过去的只是回忆，让回忆成为人生美好的一部分，这才是我应该做的。文章虽不美，但它出自我手，随手撕去，撕下的不只是我，而是我的心。不管怎样，让它随时间流逝吧。合上这破旧的本子，我发现它原来不破旧。

其实，一旦学生爱上了写作，写作教学就成功了一半。没有比热爱更好的教育。不断激活学生的写作兴趣，是每个老师必修的功课。

三、模仿阶段——转益多师为汝师

朱熹曾云："古人作文作诗多是模仿前人而作之，盖学之既久，自然纯熟。"郭沫若也说："我有一个写作秘诀，就是先看人家的书再写。"无不道出了模仿的重要性。

如王勃"落霞与孤鹜齐飞，秋水共长天一色"语出庾信"落花与芝盖齐飞，杨柳共春旗一色"而成千古名句；秦少游"雨余芳草斜阳，杏花零落燕泥香"模仿温庭筠"雨后却斜阳，杏花零落香"而有出蓝之妙。

所以，我们主张在多写的同时也要广阅读，"读书破万卷，下笔如有神"；读的时候，不妨尝试模仿。

一学生在阅读赵丽宏的《生命》后，仿写了一篇文章《青春》，下面是其中的语段：

假如青春是水，一泓沁人心脾的水，没有任何杂质，美景重叠在潭边，只留青春之水在心中，慢慢摇曳着，想触摸却又触摸不到，似有若无的感觉在中心蔓延开来。

假如青春是鸟，一只飞翔的鸟，丰满的羽毛覆盖在结实的双翅上，牵动着它张开的梦想。青春之鸟，是一只勇敢的鸟，它敢于在漫漫无边的天际上坚持自己的路线，找到自己栖息的地方，它敢于在风雨中展翅翱翔。

这样的仿写固然比不上赵丽宏的文笔，甚或有东施效颦之嫌，但这样的模仿，却又是一种心灵感应，一种文字的行走。久而久之，熟能生巧，最后会像杜甫所说"转益多师为汝师"，形成自己的个性，青出于蓝而胜于蓝。

四、训练阶段——无规矩不成方圆

当学生经过一定时间的周记写作后，老师应适时进行技法指导，毕竟周记写作也是一门艺术。适当的方法点拨，对于学生的写作提高是很有必要的。

由于学生周记写作有了一定的基础，加上也有了一定的阅读量，那么我们可以进行语言训练，联想训练，想象训练，审题、选材、布局、谋篇训练……

跟写作相关的训练，我们不妨先从语言训练开始，因为语言是文学的载体。语言训练可以从句式训练开始，下面是我指导学生学会写"判断句"的语言训练中一位基础不好的学生写的语段：

思念是眼眶里晶莹的泪花，是默然拾起残花的剪影，是孤鸿的低吟，是游子的家信。

思念是"花落流水红，闲愁万种，无语怨东风"的孤独；思念是"晓来谁染霜林醉，总是离人泪"的凄凉；思念是"独在异乡为异客，每逢佳节倍思亲"的牵挂。

虽然语言略显幼稚和死板，但是对于语言表达能力不强的小作者来说，已经难能可贵了。实践证明，很多学生恰恰是在这样幼稚的文字里渐渐进步的。

当然，文体训练也是必要的，记叙文、议论文、应用文，我们都可以让学生在周记中训练，然后加以指导。总之，训练要成系统，要有章法，不能东一榔头，西一棒槌，瞎忙活。

五、讲评阶段——请君更上一层楼

一班学生常在五十人上下，他们的周记，不可能个个都讲评，只能挑选几篇典型的。选出典型后，再进行讲评。周记讲评的最终目的就是让学生先明得失，再探寻解决问题的方法，最后提高自己的写作水平。周记讲评时，要让学生积极参与问题的发现和分析活动，这样才能碰撞出智慧的火花，才能让学生真正成为学习的主体，才能科学有效地进行周记教学，从而使学生作文更上一层楼。

周记讲评如何让学生产生浓厚的兴趣，有没有行之有效的教学方法，我想这是广大语文同仁十分关注的话题。周记讲评，老师费了心和力，但往往难以收到理想的教学效果。我们见到的周记讲评课常常是此种状态居多：老师唱独角戏占尽风情向课堂，学生无精打采三心二意东张西望，课堂气氛压抑，令人窒息甚至"恐慌"……

苏霍姆林斯基说："人的内心有一种根深蒂固的需要——总感到自己是发现者、研究者、探索者。"作文讲评，最终的目的就是让学生从自己或其他同学的周记上发现问题，然后探寻解决问题的方法，从而提高自己的写作水平。只有让学生积极参与问题的发现和分析活动，才能碰撞出智慧的火花，才能让学生真正成为课堂的主体。在周记教学中，我逐渐探索出"点—引—导—结"的讲评艺术。

附·一次周记讲评课实录与反思

【教学设想】

这是一次周记讲评课,想通过一篇得分47分作文的讨论,让学生明白该文的得失,从而总结经验、吸取教训。

【周记展示】

跨　越

邓文芳

岁月悠悠,多少文人墨客随水流逝;长河漫漫,多少英雄豪杰随风飘去。马援精忠报国,血染沙场,跨越了生死的距离;东坡赤壁怀古,越过岁月的伤痛,用心吟唱。

他们,敢于跨越,他们,因敢于跨越而成就了千古人生。他们为我们展现了人生的哲理——人生,敢于跨越,方能活出风采。

敢于跨越自己,活出真实。

杜丽敢于跨越自己,于是在失利之后依然站在了最高处;

刘翔敢于跨越自己,于是在雅典奥运会上脱颖而出,成为"亚洲飞人";

那些特奥选手依然敢于跨越自己,即使身体上有缺陷,可他们在心理上不服输,于是活出自己最真实的一面。

敢于跨越自己,让他们与众不同,让他们在人生的长河中尽显光辉。

敢于跨越苦难,活出坦荡。

苦难是人们多半不愿提及的字眼,苦难代表着人生中的挫折和磨砺,但它也能造就不平凡的一代。平庸的人们习惯逃避苦难,因为苦难我们身心疲惫,滋生痛苦。而勇敢聪明的人们勇于迎接苦难,因为苦难可以磨砺心智,锻炼毅力,培养勇气。勇敢的人们在一次次苦难的洗礼中逐渐坚强起来。

季羡林先生,中国国学大师。他曾经遭受到"四人帮"的严重迫害,但他在苦难之中挺了下来,跨越了生命的一道道鸿沟,终以坦荡面世。

而与刘邦争夺天下的项羽,在经历了垓下之围的打败后,竟自刎乌江。堂堂一代楚王,竟连直面失败的勇气都没有,更别说跨越苦难,坚持理想了，真让人可悲可叹啊!

敢于跨越生命的不幸，活出人生的价值。

倘若贝多芬因耳聋的厄运来袭而终止自己对音乐事业的追求，怎会有激昂动听的《英雄交响曲》？倘若邰丽华因自己的身体缺陷而放弃舞蹈，怎会有震撼人心的"千手观音"？倘若张海迪因瘫痪而一蹶不振，怎会有感人至深的中国励志女孩的故事？

他们用行动向命运的不公发起了挑战，最终收获了累累硕果和灿烂无比的人生之花。

跨越，还等什么，还犹豫什么。跨越自己的人生，活出无限风采。

【教学目标】

1. 议论文写作切忌分论点重复。
2. 议论文写作要做到有理有据。

【教学过程】

一、点：激发学生学习兴趣

"点"，就是点出讨论的范围，激发学生学习兴趣。学生作文后，老师要选取典型的作文在课前印发给大家，课堂上用提问的形式让学生进行一番讨论，然后让学生通过阅读点评别人的文章来谈心得和体会。"点"时可以设置悬念，也可以开门见山。总之，要激发学生兴趣，让学生主动去发现问题。

师：同学们都阅读了这篇得分47分的作文，能否说说本文值得你学习的地方，谈谈本文你觉得不好的地方？

生：我觉得这篇作文，卷面很干净，字迹很工整。我喜欢它的开头，很有文采。

生：我觉得开头"岁月悠悠，多少文人墨客随水流逝；长河漫漫，多少英雄豪杰随风飘去"可以删去的，好像跟后面的话没关系，老师平时不是教我们语言要简洁，多余的话一定要删掉吗？（教室里开始了议论，很多学生都不赞同他的观点。）

师：这两句话，真的是多余的吗？

生：（齐声）不是。（此时，我点名要一同学回答不删的原因。）

生：我知道它很好，但不知道为什么。（其他同学哈哈大笑起来）

师：这两句话，跟苏轼《念奴娇·赤壁怀古》的开头有点相似——"大江东去，浪淘尽，千古风流人物"。

生：用了反衬手法，这两句话是跟后面的马援和苏东坡形成反衬，因为马援和苏东坡跨越自己才成就千古人生。

师：是啊，滔滔历史长河中，英雄淘尽，但我们偏偏能铭记马援和苏东坡等人，正因为他们跨越了自己啊。作者很巧妙地提出自己的观点，很聪明。这样的写法值得提倡。并且开头文采斐然，阅卷老师一定很喜欢，这也是我们讲的"凤头"啊。

二、引：让讨论回归教学目标

"引"，就是让学生的讨论回归到教学目标。当话题展开后，学生的思维是活跃的，他们会提出老师意想不到的问题，由此会产生系列讨论，有的显得很肤浅，而有的不乏深度。总之，教学的方向是立体的，要调控好学生发言的时间和发言同学的数量，但我们的教学目标这条线始终不能乱，任何时候都得抓住教学目标这条主线。波莉亚说："学习任何知识的最佳途径是由自己去发现，因为这种发现理解最深，也最容易掌握其中的规律、性质和联系。"当我们及时解决相关的问题后，要相时而动，迅速调控课堂，用追问的形式，让学生去发现新的正好是教学目标范畴之类的问题，老师切忌包办。期间，老师要察言观色，要审时度势，要循循善诱。

师：这篇文章难道仅仅是开头值得我们学习吗？比如结构，分论点，用例，等等。

生：我觉得这篇作文，材料很丰富，内容很充实。并且排比用例，对比用例，读起来很有深度。

生：文章材料虽然很丰富，但好像跟论点没什么关系。你看第一个分论点是"敢于跨越自己，活出真实"，而她用的例子是杜丽、刘翔，这么说，如果他们没夺冠就表示他们生活得很虚假吗？

师：是啊，杜丽和刘翔的事例是不能用来论证活出真实的。虽然用例的形式很好，但论证并不严谨。

生：我觉得这篇作文读第一遍好像很好，但读第二遍觉得没什么深度。

师：为什么你有这样的想法呢？

生：不知道。（其他同学笑了起来）

师：其他同学想想为什么好吗？（教室里很沉默，我点名要一学生回答。）

生：说不出为什么，反正感觉没说出什么。

生：我觉得还是很有深度的，你读"苦难是人们多半不愿提及的字眼"那段还是挺有道理的。

师：那你说说你的理由好吗？

生：不知道说，只是感觉写得好。（同学们七嘴八舌，观点各异。）

窦桂梅说："教学内容在保持相对确定的同时，却有着更多的变数，有时是教师的有意延伸拓展，有时则是学生无意的'节外生枝'。学生既有计划内的收获，又有计划外的得益；课堂教学既有'有心栽花'的繁花似锦，又有'无心插柳'的岸柳成行。"

此时，同学们的观点发生了分歧，产生了矛盾，他们的疑问就是需要老师解答的：议论文写作要做到"有理有据"。他们凭感觉意会到了这点，但老师必须讲明点破。通过教学的"引"，学生的讨论回归到教学目标上来了。此时就需要老师的"导"。

三、导：化解矛盾因势利导

"导"，就是要化解矛盾，疏导学生思维，让他们能达成共识。在讨论中，由于学生的差异，难免会产生分歧；有了分歧，老师要当机立断进行疏导，扫除思维障碍。我们要肯定他们的矛盾，因为那是思想的交锋、心灵的撞击。若课堂缺少这样的矛盾和分歧，这样的课堂是静止的，是不真实的。关键是老师要把握时机，循循善诱，因势利导，让学生在合作的基础上自主探究。在一定程度上说，好的课堂教学就是让学生发现问题，然后解决问题，积极生成的过程。

师：刚才同学们的观点产生了分歧。我们都知道推销清华金思力的广告。若只说某某考生服用了该产品考上了重点学校，说服力不是很强。高明的广告往往是这样的：先介绍产品，该产品经数十名科学家研究十年悉心研制而成，金思力采用生物提取提纯技术，从天然植物大豆中提取快速补充大脑记忆所需的"乙酰胆碱"；"乙酰胆碱"是各国科学家公认的改善记忆的物质，是知识信号必需的载体，在信息输入、输出过程中，起到双重作用。（学生哈哈大笑起来）

师：我刚才说的，其实是在讲道理。以前我们学习议论文写作的时候，我说，议论文写作不仅要举例子，也要……

生：（齐声）讲道理。

师：是啊，写议论文若只讲道理，没有事例来论证不行；若只有事例，不讲道理也不行。议论文要做到有理有据啊。我们再看看这篇作文，作者在论证第一个和第三个分论点时，只举例子，这样当然缺乏深度，没有说服力。所以，当我们要论证自己的观点的时候，可以先讲一番道理，然后进行事例论证。或者先事例论证，然后道理论证。总之要做到道理与事例论证相结合。只有这样，我们写的议论文才能有说服力，才能有深度。

此时已经完成了第一个教学目标，也达到了理想的生成，但第二个目标还没触及。课堂教学目标不是单一的，有时是多个的，在完成一个目标后，教学必须向前推进，老师还是要采取"引"的方式回归教学目标，但引出目标后，捕捉学生的想法、创见等生成性资源，及时"抓彩"，及时调控"导"的方向，随机应变，从而高效率地完成教学目标。

师：经过一番讨论，我们进一步明白了议论文写作"有理有据"的重要性，不过，我还想问，这篇作文，还有其他的毛病吗？

生："敢于跨越苦难，活出坦荡"和"敢于跨越生命的不幸，活出人生的价值"有点重复。

师：为什么呢？（我略带喜悦之色）

生：不幸其实可以包括苦难、失败、挫折等。（其他同学点头同意）

师：是啊，苦难只是不幸的一种，现在作者把它们列为不同的分论点，犯了逻辑错误啊。

生：所以，如果我是阅卷老师，我只给她37分。（学生哄堂大笑）

此时，老师已经把学生的思维引向了第二个教学目标，并且这个目标是重点，但学生提出了新的内容，并且很棘手，不得不及时解答。所以，老师需要"导"，疏导学生的思维，培养学生全面看问题的能力。

师：高考作文评分主要分为两个等级——基础和发展等级。分论点的重复是属于基础等级范畴，只能给及格分。从这点上讲，你是有道理的。不过其他方面刚才同学们都讨论了，也是有可取之处的，比如这篇作文的开头、语言、用例方式吸引了老师的眼球，综合起来应该可以得42分。

师：刚才同学们都意识到了分论点是不能重复的。以前，我也给同学们讲了提炼分论点的方法。那么如何才能防止分论点重复呢？让我们先来看看本次作文的题目"跨越"（板书）。

师：大家知道"跨越"是个动词，我们可以补充它的宾语，就能提炼出分论点。跨越苦难，跨越不幸，跨越幸福，跨越挫折，跨越自己，跨越他人，等等。（板书）

师：我想问问邓同学，你是怎样提炼分论点的？

生：我开始提炼了两个，看字数不够，就加了一个，没想那么多。（其他同学笑了起来）

师：写文章可不是为了凑字数啊。首先要考虑逻辑关系，否则写了也等同于废话，以后要注意了。从我们补充的成分来看，其实有些是重复的。重复的，我们取其中一个就行。跨越不幸，可以涵盖挫折和苦难，所以我们可以说跨越不幸，跨越幸福。（擦掉黑板上的"苦难"和"挫折"）

师：现在剩下不幸、幸福、自己、他人，这些之间有没有交叉的关系？

生：有。（齐声回答）

师：那该怎么办？

生：跨越自己，可以从不幸和幸福的角度来说。所以，我觉得文章可以提炼两个分论点，要么说"跨越不幸，跨越幸福"，要么说"跨越自己，跨越他人"。

师：很好，这样它们之间就不存在重复的现象了。通过刚才的讨论，为了防止分论点重复，我们事先一定要写好提纲，当我们提炼出分论点后，要仔细思考它们有没有重复的地方，这样就避免了该篇作文犯的毛病。在写好提纲后，要去伪存真、去粗取精。

师：当然提炼分论点若仅仅考虑不要重复，是远远不够的。若分论点之间有层层递进的关系更好。这次作文有一同学是这样提炼分论点的：跨越自己，需要信心；跨越自己，需要勇气；跨越自己，需要毅力。（板书）

师：这三个分论点就很有层次感。信心是成功的一半，单有信心不行，所以，需要有跨越的勇气，若有了勇气半途而废也不行，所以还需要毅力坚持到底啊。分论点层层递进，环环相扣，很有说服力。

四、结：评点得失总结课堂

"结"，就是教学目标完成后，进一步评点同学讨论的得失以及讲评作文的得失，从而总结经验，从实践上升到理论，让理论去指导实践。若说"点—引—导"是撒网，那么"结"就是收网，真正做到开合有度，有张有弛。"结"是理论的升华，是画龙点睛，是石破天惊后的收获，是曲径通幽的生成。"结"应从学生讨论的矛盾上寻求智慧的灵光，应从生成的基点上再度升华，应从"自主、合作、探究"的艺术上切中肯綮，不要急急收场，不要敷衍了事。最后的"结"，还可以衍生出精彩的生成，还可以碰撞出难得的灵感。"结"不仅是课堂的总结，也可留下空白延伸到课外。俗话说"编筐编篓，全在收口"，"结"要讲究精当，不拖沓，要短小精悍。

师：通过这篇作文讲评，我们发现，作文要想在考场得高分，应该注意哪几个方面？

生：夺人眼球的开头，清晰的结构，有层次感的分论点，丰富的事例，有理有据。（师板书）

师：是啊，学以致用，那么请根据今天课堂所学的知识，仔细阅读自己的作文，给自己的作文把把脉，然后给自己的作文升格，好吗？

从课堂的预设与生成来看。精心的预设，是积极生成的首要条件，换言之，没有预设就很难有生成；若有生成，这种生成也是消极的毫无意义的生成。预设需要精心，需要认真解读文本，认真准备课堂内容，需要备课备好学生。生成的过程是曲折的，期间有学生的困惑，有学生的"发难"，有突如其来的"惊险"。那么老师在预设与生成间，要察言观色、相时而动、点拨启发。可以说，新课程标准下，预设与生成，是语文课堂教学的重大挑战。精心的预设后，虽"险象"环生，但结果往往是曲径通幽、柳暗花明的生成。这节课的生成是精彩的，虽然有过沉默，但学生的思维始终是活跃的，他们主动思考问题，探寻方法，恰到好处的"引"与"导"是生成的重要途径。

从师生关系上来说。在教学过程中，教师始终是课堂的主导者、设计者、掌控者，学生是问题探讨的主体、合作的核心。我们一定要处理好老师跟学生的关系，老师在适当之时要进行调控，不放任自流，不然课堂会松散。老师要具有非常的课堂驾驭能力。"点—引—导—结"，巧妙地处理了师生的此种关系，让学生真正意义上成了问题探讨的主体。

从课堂教学的高潮艺术上来说。"文似看山不喜平"，课堂教学艺术也是如此。所谓教学高潮，是指在教师精心的铺垫、巧妙的点拨、恰当的引导之下，课堂上出现的学习激情高涨、学习兴趣浓厚、参与意识倍增的热烈精彩、生动活泼的教学场面。"导"是高潮处，"点""引"是"导"的铺垫。本节课，循循善诱，点拨到位，高潮处让人兴奋不已。诚如余映潮老师所说："课堂教学中有了高潮，就有了意境，有了激情，有了力度，有了波澜。"

从探究的结果来说。学生在探究合作时，很有可能会发生争执，会形成不同的观点和主张，为了尊重学生，老师也许会让这种争论继续下去，到最后也没有结果，这也是不可取的。其实在这时候，老师应该发挥主导作用进行适当的引导和点拨，让学生重新回到正常的合作途径上来。"点"，只是教学的开始，此时产生了问题，于是"引"让目标回归，"导"让课堂掀起高潮，"结"让课堂的问题得以解决。

讲评的最终目的就是让学生先明得失，再探寻解决问题的方法，最后提高自己的写作水平。周记讲评时,"点—引—导—结"的方式就是要让学生积极参与问题的发现和分析活动,碰撞出智慧的火花,让学生真正成为学习的主体,使学生作文更上一层楼。

陆游说"汝果欲学诗,功夫在诗外",周记教学离不开阅读和口才训练等"诗外"功夫。吕叔湘先生说:"让学生在语言方面得到应有的训练,说起话来有条有理,有头有尾,不重复,不脱节,不颠倒,语句连贯,用词恰当,还愁他不会作文?"故而"一体两翼"的语文教学体系,追求听、说、读、写的共生,最终把学生培养成"出口能成章,下笔可成文,走向真善美"的人。

第九讲

教学作品

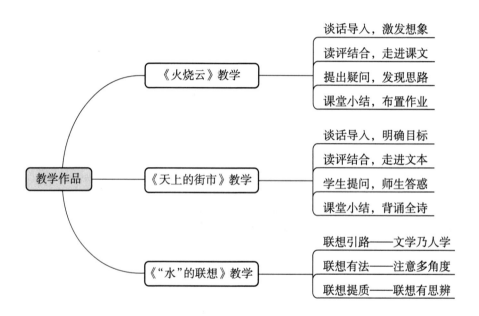

作品是指"通过作者的创作活动产生的具有文学、艺术或科学性质，具有独创性，而且以一定有形形式复制表现出来的智力成果"。从外延上讲，书画家有他们的书画作品，歌唱演员有他们的音乐作品，舞蹈演员有他们的舞蹈作品，教师也当有他们自己的作品。教师主要在课堂上表现其智力成果，他们的作品可称为教学作品。从作品的内涵看，独创性与复制性是其主要特征。独创性，也称原创性，是指由作者独立构思而成的，作品的表现不与他人已发表的作品相同，即不是抄袭、剽窃或者篡改他人作品。教师的教学作品也是具有独创性的，不是抄袭他人的，而是与学生在课堂共同创作出来的。可复制性，指著作权法保护的作品是能以物质复制的形式加以表现的智力成果。复制形式包括印刷、录制、摄影、绘画、表演等。教师的教学作品既可以光盘的形式也可以课堂实录的印刷形式呈现。

故而每一位老师当以创作自己的教学作品为使命，严谨、认真地对待每一堂课，珍惜每一次上课的机会。教学是一门科学，也是一门艺术。在创作教学作品时，教师在遵循科学的基础上，尽量追求艺术化；好的教学是对科学和艺术元素的精妙结合。杰克·斯诺曼指出，把所有的行为建立在科学研究证据之上的教师，给人以刻板、机械甚至优柔寡断的印象，而忽视关于教学与学习的科学知识且作出武断决策的教师，很可能在运用无效的方法。所以，我们在课堂上要做艺术的学者，与学生一起创作教学作品。

第一节 《火烧云》教学

一、谈话导入，激发想象

师：同学们好。

生：老师好。

师：请坐下。

生：（齐呼）坐如松。

师：同学们坐得特别整齐，说话也特别整齐。今天我和大家一起来学习一篇课文，叫——

生：火烧云。

师：我们翻开书多少页呢？

生：51页。

师：请同学们来看课文的标题，这个是——

生：云。

师：什么样的云？

生：火烧云。

师：同学们都见过云，谁来说一下？你来说一下，你见过什么样的云？

生：我见过白天的云，是白白的。

师：你手举得特别高，你来说。

生：我见过的云，有各种的形状，有小狗，有房子，还有鳄鱼。

师：他刚刚说的是云的颜色，你是从云的形状说的，很好。

师：来位女生，你来。

生：我见过的云都是在天上飘着的。

师：之前是从云的颜色、形状说，刚才她说云是飘着的，这个是从什么角度？

生：她说云在飘动，这是从云的行动轨迹来说的。

师：总结得真好，请坐下来。

师：那么今天我们要学的这个"火烧云"是不是跟我们平时见到的云不一样？

生：是不一样。

师：第一个字叫什么？

生：火。

师：第二个字叫什么？

生：烧。

师：第三个字是——

生：云。

师：从颜色上讲火烧云，你们感觉它是一种什么颜色？

生：火红的颜色。

师：这是你们的感觉。那书上写的火烧云到底是怎样的呢？我们一起来学习课文。

二、读评结合，走进课文

（6分钟后）

师：请一位同学来朗读，好，你来。她朗读的时候，同学们听。听她读得怎么样，待会儿我会让大家来评价。

（生声音洪亮地朗读全文）

师：她读完了，谁来评价一下？你来。

生：第三自然段，"一会儿半紫半黄的"，但是她在"半紫"后面加了一个"的"。

师：你在读的时候，感觉到了吗？

生：感觉到了。

师：知道了。你发现什么问题了？

生：她把金色读成了橙色。还有一个"变"字没有读到。

师：好，我记住了。你来。

生：她的声音非常大。

师：刚才三个同学说的都是毛病，这个同学说的是优点。很好。

生：她读的时候，还会改字。

生："接着又来了一只大狮子"的"又"没读。

师：我再举个例子，"尾巴可不见了"她读成什么？

生：她也读错了。

师：好，你还有。

生：请大家看第七自然段的第一句"一时恍恍惚惚的"，她把这个"的"给去掉了。

师：还是上次的问题。再来，这位同学。

生：她读"火烧云"的时候不太通顺。

师：我们总结一下。好的方面是声音洪亮。好像说你的缺点说得特别多，但是我们一定要听取。她读的时候，有三个缺点，有——

生：读少字的。

生：读得不通顺。

生：读的时候加字。

师：听了大家的总结，我补充第四个。"似（shì）的"她读成了"似（sì）的"，大家要注意不要读错。

师：老师还有一个词，我要每一组同学上来写。"一模（mú）一样"，还是"一模（mó）一样"？

（生发出来两种不同的声音，相互争论。）

师：这个词读"一模（mú）一样"。我请六个同学来写，每组一个，我看哪个同学是好样的。六个同学自己上来，拿着粉笔写，我不点名了。

师：其余同学在下面写，写在你们的书上。

（生写。老师检查举手写好的同学，并进行指导评价。）

师：同学们来看看，哪个最漂亮？你来点评，你觉得谁的好看？

生：我觉得是我们组的组长，他的落笔和起笔都有。

师：那其他五个字，没有落笔起笔吗？

生：（指着其中一个"模"字）我觉得那个字写得好。

师：同学们觉得好不好？

生：很好。

师：确实写得特别规范。

师：同学们要记住我们今天学习到的这个词，"模"是多音字。在这里读 mú，一模（mú）一样。

师：我们现在可以总结下朗读方法了。

生：不能加字，也不能减字；要读通顺，还要声音洪亮；除此之外，还要读准多音字。

师：课文我们就读到这里，今天这节课我们要重点学习第三到第六自然段。大家请看这节课的课后练习，是要我们把第三到第五自然段背诵下来。

三、提出疑问，发现思路

师：同学们，刚才听读了这篇文章之后，你们有没有什么疑问？我想听听你们的疑问。

师：你觉得这个文章大概什么地方不太清楚？戴眼镜的同学，你来。

生：《火烧云》这篇课文，真的是火在烧云吗？

师：第一个问题。你先举手，你来。

生：我觉得，火烧云应该是傍晚的太阳光晒到的云。

师：你是在解释他的问题是吧，非常不错。你来。

生：我觉得火烧云不是真正的用火烧的云，火燃得是很低的，云在天空上，就是把火把丢上去，你也丢不到云上面。

师：所以，你想表达什么？

生：我想表达的就是，火烧云应该不是真正的火灾造成的云。

师：你也帮助他解决了问题。

师：现在请大家继续提问。

生：火烧云一会儿是灰色的，一会儿又是紫色的，一会儿是黄色的，一会儿是百合色的，我都分不清到底是什么颜色了。

师：火烧云到底什么颜色，这个问题好。

生：我想问，火烧云一会儿出现马，一会儿出现狗，火烧云的变化到底是一种怎样的变化规律？

师：这个课文里确实没讲。

生：课文里说上面的火烧云变了，为什么地上的东西也变了呢？

师：同学们听到没有？这个问题问得很有价值。

师：你胖得很可爱，你来说。

生：明明是火烧云，为什么会有葡萄灰、梨黄、茄子紫这些颜色呢？

师：这个问题也提得非常好。刚才你举手了，你来说。

生：我们的火烧云每个形状为什么只能维持个两三秒？

师：刚才问了很多问题。我们来统一梳理一下。我凭着记忆回忆下。刚才第一个关于火烧云的问题，其他同学解决了。第二个问题，他说，火烧云是什么时候出现的？我们来读读课文，就解决了。

（生读课文第一自然段）

师：请整齐地再读一遍！

（生整齐洪亮地读）

师：火烧云什么时候来的啊？

生：傍晚的时候。

生：我又有问题了。

师：你说。

生：这"晚饭过后"，有些人吃得慢，有些人吃得快，那是要等大家全部吃完了才行吗？

师：这里说的是一个大概的时间。现在吃晚饭一般是什么时候？

生：5点、6点。

师：这里一般指的是哪个时间段，他不是指某一个人吃了饭，而是通常的大概时间，比如：早上，中午，晚上。早上大概几点钟？

生：7点。

师：中午一般指什么时候？

生：12点。

师：晚上呢？

生：6点钟。

师：我们的第三个问题是：你写火烧云就写火烧云的颜色，你为什么要写其他人的颜色？这个问题有什么意思？有没有同学回答？

生：我来。

师：好，你来。

生：我觉得应该是傍晚太阳照在地上，所以他们的影子也变了颜色。

师：这个回答你们满意吗？

生：不满意。

师：为什么不满意？

生：因为那个影子，一般是黑色的，但书上说的却是银色的或者金色的。

师：这么说你的表述有点问题。

生：因为那时候太阳还是没有落下，还有一点光。

师：那使他们变颜色的是云还是光？

生：光。

师：原来火烧云的颜色是这么来的。接下来，你们听老师读，看看火烧云都有哪些颜色。

（师范读）

师：同学们找到哪些颜色？你来吧。

生：有红红的，有金的，还有紫檀色的。

师：一共几个颜色，一个是——

生：红的。

师：一个是——

生：金的。

师：一个是——

生：紫檀色的。

师：就这么几个颜色。你看她没直接写火烧云的颜色，而是通过别人的变化来写颜色。也可以看出我们的火烧云，它不仅仅是一种红色，还是有——

生：多种颜色的。

师：没错。我们的第三自然段有具体的描写，我要请同学读一读。你来读。

（生读第三自然段）

师：我们在读课文的时候一定要通顺，要大声。哪个同学来读？

师：举手的同学特别多。我也不知道叫谁，谁离我最远，我就叫谁。噢，又是你，你来。

（生读）

师：谁来评价一下感觉怎么样？这样我们可以做得更好一些。

生：请大家看第三自然段的第一句中"一会儿半紫半黄的"，她在"半紫"后面加了个"的"。

师：她又加了字。如果我们从流畅的角度来评价，她读得怎么样？

生：很流畅。

师：但是她还是犯了个错误。

生：是两个错误。

师：还有哪个错误？

生：她把"红彤彤"的"彤"读成了第一声。

师：嗯，要注意。生活中这样的词语还有很多，我们一起来。

师：红——

生：彤彤。

师：金——

生：灿灿。

师：绿——

生：油油。

生：（不由自主地）红通通，黄灿灿。

师：还有什么？

生：火辣辣、胖乎乎……

师：接下来我们把它背一下。这地方的火烧云变化极快，一会儿——

（生背）

师：先读一下，待会儿请一个同学来背。

（生自由读）

（师板书：变。出示 PPT，引导学生齐背。）

师：谁来单独背？你看好多人都不敢说话了。好，你来。

（一生在老师帮助下背完）

师：非常不错，大家把掌声送给她。

生：她背的时候加了一个"些"。

师：你记得好仔细。

师：好，现在回到我们的问题上来，火烧云有哪些颜色？

生：葡萄灰、梨黄、茄子紫……

师：还有一些——

生：说也说不完。

师：一个又一个，它的颜色——

生：正在变。（师板书：颜色）

师：颜色一直在变，所以作者说变化很——

生：多。（师板书：多）

师：为什么说也说不完？

生：因为它的颜色在变。

师：还有什么在变？请同学们再概括一下。

生：形状在变。（师板书：形状）

师：让一个同学来读。第四自然段，谁来有感情地、大声地、流畅地读？这么多同学举手，你来。

（生读）

师：好，你来评价下。

生：虽然声音非常大，但是我看到第四自然段的第二句，他把"马是跪着的"读错了。

师：还有吗？

生：没有了。

师：好，坐下。

生：请大家看第四自然段的第二句，看的人正在寻找马尾巴，那匹马变……（模糊了）

师：这个字（指"模"）我们读什么音了？

生：读模（mó）。

师：没错，模样，一模一样，读 mú，模是多音字。还有吗？

生：没有了。

师：我们一起来读这个字，待会儿一起来背。

（生读）

师：一会儿，天空出现一匹马，马头——

（生背）

师：现在大家一起来读。

（生自己读）

师：你说能背，好，开始。

（生背）

师：能背了，我觉得不错。

（生情不自禁地鼓起掌来）

师：确实，当别人这么努力地背出来，我们应该给他一些掌声。让我们再次把掌声送给他。

（生鼓掌）

师：我记得之前有个同学提问，他说："老师，火烧云一会儿出现马，一会儿出现狗，这是为什么？"

生：这说明火烧云变化极多。

师：还说明火烧云什么？一个字——

（生沉默）

师：（出示课件）大家看，一会儿、一会儿、一会儿、一会儿（老师语速越来越快）说明它的变化——

生：很快。（师板书：快）

师：除了这些，还有哪些说明它的变化很快的词。

生：忽然，接下来，一转眼……

师：还有个方面说它变得特别快，先变什么？

生：马。

师：再变什么？

生：狗。

师：再过一会儿变什么？

生：狮子。

师：这就是我们的——

生：火烧云。

师：为什么一会儿功夫就没了。

生：因为它变化得又多又快。

四、课堂小结，布置作业

师：现在我们来回顾一下，火烧云是什么颜色？

生：红色，金色，梨黄，茄子紫……

师：为什么前面要写小白猪变成了小金猪？

生：因为霞光照在它们的身上。

师：为什么写火烧云像狗像马像狮子？

生：因为想写出它变化得快。

师：好，大家请看大屏幕。（PPT出示：晚饭过后，火烧云上来了。一会儿功夫，火烧云下去了。）写一个景物，要讲顺序，有时间顺序也有空间顺序，这是什么顺序？

生：时间。

师：同学们记住，写任何景物总要有个顺序。火烧云是自然现象。它不仅仅是傍晚的时候出现，还会出现在早上，它是早上或傍晚出现的一种霞光。

师：今天我们学习的文章是谁写的？

生：萧红。

师：出自什么书？

生：《呼兰河传》。

师：这本书是要求小学生读的，建议同学们要读这本书。

师：我们说这篇文章要背第三到六自然段，我们只背了三、四自然段。现在把三、四自然段背完，我们就下课。"这地方的火烧云"，预备起——

（生背）

师：今天咱们这节课就上到这里，留给同学们一个作业，课文中说一会儿看见马，一会儿看见狗，一会儿出现一只大狮子，那么你们还能想到出现什么呢？你们可以写一段话。下课。

生：老师再见。

师：同学们再见。

板书：

附·听课评析

大巧不工，返璞归真

一、返璞归真，循循善诱

吴老师上的《火烧云》没有采用太多的多媒体手段，也没有华丽的渲染，而是根据学情，让学生从从容容地读书；吴老师尊重学生的未知，尊重学生的错误和问题，循循善诱，答疑解难，让学生透过文字结合文字背后的画面，披文入意、入境、入情，慢慢地揭开文字背后的面纱，以此感知抽象的语言文字所呈现出来的火烧云的颜色与形状的美。在这个过程中，吴老师始终遵守循序渐进的原则，从朗读开始，逐字逐句地去读课文，不放过一个汉字的读音，让学生读准、读通、读顺，读出文章的形象美、画面美和情感美。这样的课堂，让人感觉真实、扎实、朴实、夯实，看起来没有波澜壮阔、激情澎湃，却春风化雨，润物无声，充分体现了老师的文学底蕴和人格魅力。尤其是吴老师对文字玩味鉴赏的耐心、细心和精心，让人佩服不已。

二、质疑问难，锤炼思维

吴老师从生本的角度出发，尊重学生的思维习惯和思维差异，让学生独自阅读课文，从文本中去发现火烧云的美，并提出自己的疑难和困惑。然后，老师根据学生的问题领着他们反复地去研读文本，展开对话。孩子们提出来的问题，有些是肤浅的，有些是无序的，有些是没有思考价值的。吴老师对此并不着急，而是耐心地让学生从关键的词句里去发现，去推敲，从字里行间去寻找答案；由此对学生提出来的无序的、肤浅的问题进行横向拓展和纵向深入，启发他们提炼出有思考价值的问题。借此过程，训练学生整理思维、提升思维的能力。

三、推敲语言，凸显气质

吴老师重在训练学生学的气质，课堂上要求学生倾听，要求学生归纳，要求学生展示，这些都是培养学生良好的学的习惯的具体体现。同时，吴老师抓住语言文字这根缰绳不动摇，不管是引导学生朗读，还是引导学生提出问题，解决问题，始终没有忘记语言文字的运用。他让学生在纠音纠错以及提问和答疑的过程中，注重语言文字的完整性和精妙性，让学生运用准确的、精美的语言来描述或回答问题，以培养他们良好的语言表达能力。课堂上，学生文质彬彬、积极大胆、思维活跃，很是让人欣喜。（广东省深圳市新洲小学　郑冬梅）

第二节 《天上的街市》教学

一、谈话导入，明确目标

师：上课！

生：起立，老师好！

师：同学们好，请坐。首先自我介绍，我来自永州，永州你们知道吗？

生：知道。

师：你们知道关于永州的一些什么知识？

生：我知道永州这个地方。

师：你觉得永州是一个怎样的地方？

生：漂亮的地方。

师：永州以前是一些文人墨客被贬的地方。被贬的这些文人墨客中有一个非常著名的诗人，这个人在永州待了十年，他叫柳宗元。有印象吗？

生：有。

师：我们小学学过一首诗：千山——

生：鸟飞绝。

师：万径——

生：人踪灭。

师：孤舟——

生：蓑笠翁。

师：独钓——

生：寒江雪。

师：柳宗元就在永州的潇水河边写下了这首古今名篇。我就来自潇水河畔。今天老师给大家上一首诗歌，翻开书 118 页。

（生翻书）

师：我们来学习郭沫若的一首诗。昨天晚上我来到咱们澧县的时候，文主任给我介绍说，郭沫若同志曾经在澧县工作过，很巧！今天，咱们就来学习他的诗歌《天上的街市》。这节课我们做三件事情，第一读懂它，第二欣赏它，第三背诵它。45 分钟，看我们能不能完成。

二、读评结合，走进文本

师：首先，我想请四位同学将这首诗抄在黑板上。

（生纷纷举手）

师：一个、两个、三个、四个。好，就你们四个同学，每个同学各抄写一小节。同学们很积极，老师很开心！

（生上台抄写诗歌）

师：下面的同学放声地朗读。在朗读前，老师提一个要求，读完之后你们需要提出自己的疑惑，比如：你觉得这首诗什么地方没有读懂，或者是什么地方存在疑问。

（生抄写完毕）

师：咱们来看一下，有没有抄错的字或漏掉的字。

生：最后一节"定然在天街闲游"，他少写了一个"闲"字。

师：你觉得"游"和"闲游"有什么区别？

生："游"就是指普通的游玩，"闲游"说明很悠闲。

师：说得很好。情感有时候就是通过一个修饰词体现出来的。

（师在黑板上补写上"闲"字）

师：闲，悠闲，没有压力，自由自在的感觉。还有没有错的地方？

生：没有。

师：这是一首诗歌，咱们先来读一读。请一名同学读一读标题。

生：天上——的街市（重读）。

师：他是这样读的，还有没有第二种读法？来一位女同学吧，哪位同学来读？

生：天上的——街市（重读）。

师：老师也来读一读，"天上（重读）的——街市"，我们的朗读有什么区别？

生：一个突出"天上"，一个强调"街市"。

师：我们刚刚预习了，这首诗是讲普通的街市，还是讲哪里的街市？

生：天上的。

师：我们再读一下。

生：天上（重读）的——街市。

师：这样一读，我们就发现，这个"街市"不是我们澧县街头的"街市"，而是澧县天上的"街市"。

师：请一名同学将这首诗朗诵一遍。

（一名男生面对同学朗读全诗）

师：在大家都没有准备的情况之下，能第一个站起来读，并且还读完了，这是一种勇气，也是一种担当。因为公开课嘛，代表的是咱们班上的形象，我建议为这位同学鼓掌。

（生鼓掌）

师：我们说朗读要注意方法，咱们客观公正地点评一下这位男生的朗读，好不好？你觉得这位男生的朗读怎么样？

生：我觉得他读得还行，但是读的时候缺少感情。

师：那你觉得怎样将感情深入？

生：可以重读一些字、词。

师：好，你来示范一下！

（生朗读）

师：你来点评一下他的朗读。

生：他刚刚有一个字读错了，"定然是不甚宽广"的"甚"，他读成了"堪"。

师：认真！同学们，倾听是一种美德！他非常清楚地听出了你的错误，说明他很尊重你。我们在听别人朗读时要放下手中的事情，认真听，这是一种尊重，也是人性中最美的品德。还有吗？

生：他比我读得有感情。

师：你看，这是一个非常善于自我批评的孩子，也是一个善于吸取别人经验的孩子。很好！还有吗？

生：没有了。

师：我觉得刚才这位同学有一个地方读得特别好——"定然有"。接下来，听老师朗读一遍。

（师范读）

师：今天你（指第一位站起来朗读的学生）表现得特别好，你来评价老师的朗读。

生：老师的朗读有感情，声音洪亮，富有诗意。

师：我们把他的话概括一下，好的朗读要有——

生：感情。

师：声音要——

生：洪亮。

师：诗歌要读出——

生：诗意。

师：我们一起来读一读。天上的——街——市，预备起——

（全班齐读）

师：读得很整齐，但是我们的情感还可以再饱满一点。为什么不能饱满？是因为我们对诗歌不够了解。要想读好它，必须理解它。

三、学生提问，师生答惑

师：先前老师布置了一个任务，你读了诗歌有什么疑惑？

生：第四小节的第三句，"不信，请看那朵流星"，"流星"不应该用"颗"吗？为什么用"朵"？

生："街市"为什么会在"天上"？

师：这是一个非常可爱的问题。两个问题了，这位同学帮我记一下。其他同学还有吗？

生：作者为什么要写天上的街市？

生：作者写这首诗歌的时候是什么样的感情？

生：为什么他们在天街闲游？

生：这首诗歌提到的牛郎织女在天街闲游和我们所听、所说的牛郎织女这个神话故事的结局有所不同。

师：同学们，你们先比较这几个问题，你们觉得哪个问题最有价值？

生：第五个！

师：为什么你觉得第五个问题最有价值？

生：感觉，层次不一样。

师：感觉、直觉？好，请坐。

师：还有吗？有没有第七个问题？

生：这首诗是在什么样的背景之下写的？

师：七个了。我们争取问八个问题。

生（记录问题的那位学生）：我快记不住了。

师：（冲着记录的学生笑）那我们争取九个问题。好记性不如烂笔头，你做笔记。以后如果你当秘书，也是要学会记录的。（笑声）

师：还有吗？

生：为什么"街市"上陈列的物品是世上没有的珍奇？

生：作者想通过这首诗表达什么意思？

师：嗯，跟前面的一个同学差不多。好，我们来回忆一下这几个问题。请一个同学复述问题。

生：（1）"流星"不应该用"颗"吗？为什么用"朵"？（2）"街市"为什么会在"天上"？（3）作者为什么要写天上的街市？（4）作者写这首诗歌的时候是什么样的感情？（5）为什么他们在天街闲游？（6）这首诗歌提到的牛郎织女在天街闲游和我们所听、所说的牛郎织女这个神话故事的结局有所不同。（7）这首诗是在什么样的背景之下写的？（8）为什么"街市"上陈列的物品是世上没有的珍奇？（9）作者想通过这首诗表达什么意思？

师：记忆力很好。第一个问题，为什么不是"那颗流星"，而是"那朵流星"？老师来朗读，"不信，请看那颗流星，是他们提着灯笼在走"，"不信，请看那朵流星，是他们提着灯笼在走"，比较一下，哪一句感觉好一些？

生：那朵。

师：诗歌语言是讲究美的，文字是有生命的。"一颗流星"就是"一颗流星"，那为什么是"一朵"呢？什么手法？"一朵流星"。诗歌的语言有时候是不太正常的，好的语言往往不太"正常"。（笑声）

师：其实我们好好琢磨下就明白了。什么用"朵"形容？

生：花。

师：流星就像什么？

生：花一样。

师：流星像花一样——

生：漂亮、美丽。

师：对，像花一样盛开着、美丽着。我们一起来读一下。"不信，请看——"

生："那朵流星"。

师："是他们——"

生："提着灯笼在走"。

师："他们"是谁？

生：牛郎织女。

师：我们现在解决：为什么写牛郎织女的结局和神话里的结局不一样呢？有没有同学解决？我们再来读一下，"你看——"

生："那浅浅的天河"。

师："天河"是浅浅的，还是宽宽的？

生：浅浅的。

师：从我们所学过的知识看，"天河"是"浅浅的"还是"宽宽的"？

生：宽宽的。

师：而这里是——

生：浅浅的。

师：所以我们在读的时候应该怎样？"你看那——"

生：（小声朗读）"浅浅的天河"。

（师擦掉"浅浅的"）

师："浅浅的天河，定然是不甚宽广"，诗中有几个"定然"？

生：四个。

（师在黑板上圈出"定然"）

师：为什么有这么多"定然"呢？"我们班这个男生以后定然很有出息"，"这个男生你很有出息"，意思一样吗？

生：不一样。

师：加"定然"后——

生：更加肯定。

师：对，更加肯定。好，咱们再一起来。我想那怎样的空中——

生："缥缈的"。

师："缥缈的"这个词什么意思？

生：形容隐隐约约、若有若无的样子。

师：那我们在读的时候应该——

生：轻声的。

师：对，要读出一种神仙般的感觉。"我想那——"

生："缥缈的空中"。

师：对的，语速慢一点，"我想那——"

生："缥缈的空中"。

师：干什么？

生："定然有美丽的街市"。

（师擦掉板书，保留"定然"。）

师：街市上有什么东西啊？

生：物品。

师："定然是——"

生："世上没有的珍奇"。

（师擦掉板书，保留"定然"。）

师：为什么是世上没有的珍奇呢？说明天上的街市上的东西——

生：很珍贵。

师：对，东西是最好的。最好的街市上有谁？

生：牛郎织女。

师：牛郎织女在干什么——

生：骑着牛儿来往。

师：神话故事中的牛郎织女是怎样的？

生：隔河相望。

师：隔着河，每年几次相见？

生：一次。

师：现在呢？

生：天天。

师：对，想见就见！此时，老师想问你们一个问题。你们学过《卖火柴的小女孩》，当划下第一根火柴的时候，小女孩眼前浮现出什么？

生：火炉。

师：为什么会出现火炉啊？

生：因为她冷。

师：对，因为她冷，所以当她划下第一根火柴的时候，眼前浮现的是火炉。说明小女孩——

生：需要温暖。

师：很好。刚才有同学问了这首诗歌的写作背景，这两个问题是一起的。这首诗歌写于什么时候？

生：1982年。

师：不对，看看注释，书上好像没有。这首诗歌写于上个世纪20年代初。上个世纪20年代初，中国是怎样一种情况呢？郭沫若同志有一本诗集《女神》，郭沫若何许人也？看注解。

生：原名郭开贞，四川乐山人。

生：诗集《女神》《星空》，历史剧《屈原》。

师：对的，他有一首诗叫《上海印象》，其中有一句"满目都是骷髅，满街都是灵柩"（板书），说明当时怎样？

生：黑暗。

师：对的，黑暗、衰败、腐朽。在这样的背景之下，郭沫若仰望星空，开始——

生：想象。

师：文学创作离不开的一种思维就是"想象"。看见的牛郎织女每一天都是相见的，表达了一种什么情感？（板书：想象）

生：对美好生活的向往。

师：人民对美好生活的向往是我们的奋斗目标。那么对作者来说，美好的生活是他的追求目标，通过牛郎织女的生活反衬出——

生：当时社会的黑暗。

师：同时表达作者对——

生：美好生活的向往。

师：文学作品就是这样，现实生活中没有的东西我们可以——

生：想象。

师：对，想象。生活中没有，总得用想象来表达情感，文学是这样的。好，我们一起来背诵，"我想那——"

生："缥缈的空中"。

师："定然——"

生："定然有美丽的街市"

师："街市上——"

生："陈列的一些物品"。

师："定然是——"

生："世上没有的珍奇"。

师：好，再来一遍，"我想——"

生："那缥缈的空中……"

师："你看——"

生："那浅浅的天河……"

师："我想——"

生："他们此刻……"

师：注意，这里先前掉了一个字"闲"，再来一遍，"我想——"

生："他们此刻……"

师：好，解决了"物品为什么是世上没有的珍奇"这个问题。看黑板，我们再背一遍。

（生再背）

师：好。上次有一个同学问，天上的街市为什么要写牛郎织女？这个问题比我们同学们问的"牛郎织女的结局不一样"更高明。大家想想看。

生：我的想法是，牛郎织女可以代表中国古代人民的美好愿望，他们隔着天河行走，代表了他们的生活非常安定、幸福，表达了诗人对未来美好生活的向往。

师：这位同学的意思是，牛郎织女具有一定的典型性。对，文学是有典型性的，这是一个原因。还有吗？（板书：典型）

生：因为在当时的时代，社会非常腐败，牛郎织女也因为王母娘娘而隔河相望，表达了作者对美好生活的向往。

师：我们可以从别的角度来思考。这个问题有点难度，我们可以联系以前学习的诗歌，牛郎织女是人，诗歌《天上的街市》是写景，我们可以从这个角度思考。

（学生思考、讨论）

生：《天上的街市》运用了以乐写哀的手法，牛郎织女可以天天相见，生活幸福安定，而作者的那个时代很黑暗、腐朽。

师：这位同学站在了艺术创作的角度，以乐景写哀情，这是一个不错的角度，很棒。

师：还有，老师提醒一下。我们学过马致远的《天净沙·秋思》，我们齐背一下。

（学生背诵，"枯藤老树昏鸦……"）

师：如果我把"断肠人在天涯"删掉，你觉得这首诗会怎样？

生：不完整。

师：不完整是一方面，还有呢？

生：没有情感。

师：对，没有情感。给大家介绍一个人——朱光潜，中国著名的美学家，他说过，我们在描写景物的时候，一定要有人的活动的参与，会让景物描写更加有情味。我们学过杨万里的《宿新市徐公店》，"篱落疏疏一径深，树头花落未成阴"，好，情味来了，"儿童——"

生："儿童急走追黄蝶，飞入菜花无处寻"。

师：有谁的参与？

生：儿童。

师：对的，你看，街市这么美丽，如果仅仅只有街市，没有牛郎织女，他们在干什么？"不信，请看那朵流星——"

生："是他们提着灯笼在走"。

师：天上，美丽的青年男女，手牵着手，提着灯笼"闲游"。什么感觉？

生：悠闲、浪漫、美好、无忧无虑、自由自在。

师：所以，这个问题比"为什么结局不一样"要高明一点点。

师：好，我们继续背诵。"我想他们此刻——"

（学生背诵，教师擦掉板书。）

师：还有一个问题"为什么街市在天上"，我们仰望天上，天上有什么？

生：星星。

师：诗人将"星星"写成了——

生："街灯"。

师：对的，文学里面除了想象之外，还有——

生：联想。（师板书：联想）

师：在这里还运用了什么修辞？

生：比喻。

师：我们再来一起背诵，"远远的——"

（学生背诵，"远远的……"）

师：在这里有几个词反复出现："街灯""街灯"，"明星""明星"。

生：运用了反复的手法，更能突出作者的情感。

师：这是你的观点。我们学过一首诗："有的人活着，他已经死了；有的人死了，他还活着"。文学是有音乐美的，这种手法叫回环往复。"远远的——"

（学生背诵整首诗歌）

师：作者看到"明星"想起了"街灯"，于是他不断地"想"——不断地"看"—— 他不断地"想"——不断地"看"——这是这首诗歌的思路。我们再来，"我想那缥缈的——"

（学生背诵）

师：这就是这堂课我们所学的内容——

生："天上的街市"。

四、课堂小结，背诵全诗

师：最后一个环节，请一个同学有感情地背诵这首诗歌。谁来？你来，你是第一个朗读的，也由你第一个背诵。看黑板，我们试一下。

（学生背诵）

师：你很勇敢，老师特别喜欢你。你的可爱、勇敢、憨厚的样子，给老师留下了深刻的印象。一位永州的老师深深地记住了一个可爱、勇敢、有担当、有责任的小胖男孩，你就像"天上的街市"一样，"定然有美丽的明天"。同学们，也祝福大家定然有一个如天上的街市般美丽的明天！下课！

附·听课评析

真实·朴实·扎实

少信专家的我昨天真被吴春来老师的一堂课感动了！春风化雨，润物无声，将语文情怀与知识点有机融合，无缝对接。让我既感动又佩服的是面对那个口齿不清的男孩，很多人在上公开课唯恐避之不及的时候，他却给了这个孩子十次以上回答问题的机会，让他成为了这堂课的明星！这需要一种怎

样的人文情怀！而这堂课对于男孩的成长将无疑是莫大的动力和希望！向专家学习！（湖南省澧县城关中学　田慧）

　　没有炫目的课件、音乐和视频，唯有一支粉笔、一块黑板，学生们全神贯注地朗读和争先恐后地举手……在吴春来老师的课上，学生们随着他的讲解一起"推敲"。通过不断的激励，学生从不敢说到敢说，再到爱说，由浅入深，由理解到运用。这样真实的课堂深深地触动了我，真实是一种力量，是一种最能打动人、感染人的力量，真实的背后是吴老师的自信和勇气。(湖南省澧县城关中学　金晶）

　　在这个诗意的秋日有幸听到了一堂最真实而又最富诗意的语文课！吴春来老师就用一支笔、一张嘴、一块黑板收获了学生的崇拜，也震撼了我们听课老师的心灵。整堂课真正做到了以学生为主体，让学生多提问，尊重学生，也尊重个体化差异，在同学们的频频提问与答问中，在吴老师润物细无声的引导中，一首诗歌的诗意诗情就这样浸润了每位学生！课堂中吴老师诗意的点评，对学生及时积极的肯定，让学生们心底升腾起一种最美的自信！"倾听是一种美德！""这是一个非常善于自我批评的孩子，也是一个善于吸取别人经验的孩子。""同学们，也祝福大家定然有一个如天上的街市般美丽的明天！"……这一句句的金玉良言将是孩子们宝贵的精神财富！他们多么有幸遇见这么一位老师，我也多么有幸能聆听这样一堂精彩纷呈的课！尤其让我印象深刻的是：在下午的讲座中，吴老师认为这堂课还不够好，应该从学情出发抓住"闲"字来贯穿课堂。在我们已难以望其项背的赞不绝口中，吴老师竟然还在自我反省，这种对语文教育的情怀，这种永无止境的追求才真正是大师的风采！（湖南省澧县澧阳中学　毛美霞）

第三节 《"水"的联想》教学

一、联想引路——文学乃人学

师：今天我们上作文课，看见一个字……（指屏幕）

生：水。

师：初一我们学过郭沫若的《天上的街市》，看到天上的明星，作者想到了——

生：街灯。

师：看到街灯想到了——

生：明星。

师：这叫什么？

生：联想。

师：联想是让人聪明的思维。今天我们一起来想一想"水"。当你看见水的时候，你会想到什么？把你想到的写在黑板上好吗？（师鼓励，生纷纷到黑板书写。）

师：我们来看"水……女人……婚姻……成家立业……好好学习……"（手指黑板上一位学生写的联想），这位同学你来解释一下，为什么由"水"想到"女人"呢？

生：因为我觉得女人是水做的，所以我从水联想到了女人。我们长大以后要结婚，所以想到了婚姻。然后又想到了我们要成家立业，因为只有好好学习，才能成家立业。（众生大笑）

师：你的逻辑是：只有好好学习，才能娶得女人，才能够成家立业。这是一个很现实的观点，说出了自己最真实的想法。但是如果我们写文章，写篇文章叫"水"：水，我想到了女人，想到女人柔情似水，于是我想好好读书，讨一个好老婆，然后成家立业。你觉得老师会给你多少分？

生：不及格。

师：为什么？

生：因为这个不怎么像作文。

师：虽然我不赞成你的观点，但是我要维护你说话的权利。

生：因为这个观点不是我们这个年纪该去想的问题，所以老师不会给高分。

师：说得对。那为什么你又想了呢？

生：我也不知道我是怎么想的。

师：为什么？因为这是一个男生本能的反应。（学生大笑）如果站在一个人的角度，是十分有道理的。但是站在文学、作文的角度，我们讲写文章要有格调，相对来说格调就低了那么一点点，对不对？但是你很真实。由此我们讲要联想，由水想到人，这是联想的基本途径。文艺界有这么一句话，"文学乃人学"。我们由自然万物联想到哪里去呢？人！（PPT 出示："文学乃人学"）这是我们联想的一个规则。

二、联想有法——注意多角度

师：我们再来看，"农夫山泉……"，按照我们刚才的思维逻辑，为什么想到农夫山泉？

生：我不知道。

师：刚才老师讲了文学乃什么？

生：人学。

师：如果你想到农夫山泉，我还想到——

生：怡宝。

师：嗯，怡宝。我还能想到咱们蓝山水。蓝山水、农夫山泉，建立联想，好不好？

生：不好。

师：文学乃——

生：人学。

师：这个也可以擦掉。我们再看，"水……冰……"，这怎么会想到的呢？"水……冰……河……海……鱼……美食……"

生：我认为，由鱼可以做成很多美食，炸的、炒的都有。

师：嗯，还有吗？有一个地方，我觉得你联想得特别好，由水想到了冰。我们还可以想到什么？

生：霜。

师：同学们，你们看水是液体，冰与霜是什么体？

生：固体。

师：我们还可以想到……

生：气。

师：由水想到冰，想到水蒸气。我们来思考一下人生，水可以变成冰，水还可以变成……

生：水蒸气。

师：这是从水的什么角度联想的？

生：变化。

生：物态。

师：物态变化，就是水的状态，对吧？我们联想的时候，可以从水的物态变化，从水的状态联想，那么由此我们想到人生的什么道理啊？

生：生老病死。

师：生老病死？水为什么能变成冰？水为什么能变成水蒸气？

生：环境。

师：环境导致的，那么由此你想到什么？人在……

生：人在不同的环境中，也会成长为不同的人。

师：还有吗？

生：在不同的环境中，人会变得截然不同。

师：也就是说，环境能够——

生：改变。

师：那么我们该怎么办？

生：适应环境。

师：适应环境。还可以干吗？

生：改变环境。

师：好伟大！人定胜天呐，是吧？可以改变环境。也就是说我们要适应环境，还可以改变环境，这是不是一种联想？从水的状态（联想），这很好。你看啊，我们一定要一个一个从不同角度去想。

师："茶……奶茶……"，来说一说为什么想到茶、奶茶？

生：因为我喜欢喝。

师：因为你喜欢喝，所以你想到。我们刚刚讲到，文学乃——

生：人学。

师：水为什么能变成茶？因为茶叶，对吧？所以变成了茶，由此你想到什么？

生：人要经历各种不同的事情，然后经历挫折、磨难，才会成为一个成功的人。成功之后，你的生活将变得特别美好。就像茶一样，你将茶叶用热水冲泡出来，它的味道也是特别鲜美的。

师：于是你得出一个人生道理，用最简单的语言来表达。

生：茶如生命，先苦后甜。人只有经历挫折之后，才能成为一个成功的人。

师：还有没有更好的表达？（问另一名女生）

生：人生如茶，越品越香。

师：人生如茶，越品越香。嗯，这是一种。还有没有更好的表达？水变成了茶。她说因为两种事物，一个是有茶叶，第二个是冷水，还是热水，还是沸水？

生：沸水。

师：沸水，沸水泡了茶之后，水就发生了——

生：变化。

师：于是她想到人要经过——

生：磨难。

师：好，她就说人生如茶——

生：越品越香。

师：那么这是从水的什么角度来联想的?

生：味道。

师：水的味道、作用。可不可以?

生：可以。

师：你看我们联想的时候，是有角度的。水的味道，水的作用。这就是联想的角度。那我们来看一下，水流到河里，然后到哪里去啊?

生：海。

师：到海，你想到什么?

生：河和海都是一点一滴的水汇集而成的，就如人们的知识一样，越汇集越多，人就越聪明。

师：于是你悟出了一个人生的什么道理?

生：不积跬步，无以至千里。

师：所以人要——

生：从点滴做起，多读书，积少成多。

师：还可以继续想。你看，从水到小江，到黄河，再到太平洋，这么一个过程，你想的是什么? 它一直在流，从小地方，到更大的地方，想到什么?

生：就是人生只有坚持不懈，才能越走越远。

师：可不可以?

生：可以。

师：从坚持，从积累的角度，水最终要到哪里去?

生：大海。

师：那么人生要干吗?

生：会死。

师：说人会死，这是一个很现实的问题，不管怎么样，要从这里到哪儿去，人一定要——

生：有目标。

师：人一定要坚定什么？

生：目标。

师：人生的目标。所以从水的什么角度？

生：水的方向。

师：聪明！我们继续走。"生命……"，谁想到的？（学生举手示意）你来说一说。

生：因为我们的水是万物之起源。

师：于是你想到了——

生：生命。

师：由水想到生命，能不能悟出一个人生的道理？

生：珍惜水和珍惜生命。

师：珍惜，这是一种想法。还有没有别的想法？

生：水是有限的，人的生命也是有限的，我们应该和水一样，在有限的时间里做更多的事情。

师：好有哲理，请你再说一遍。

生：我们要在有限的生命中，体现自己无限的价值。

师：有限的生命，体现无限的价值。

生：水可以养育我们。

师：可以说水能养育万物，对不对？哺育生命。说明水有什么样的精神？

生：无私奉献的精神。

师：其实这也是水的作用。

生：还可以想到岁月。

师：好，想到岁月。孔子在长江边上说了一句话：逝者如斯夫……

生：不舍昼夜。

师：告诉我们什么？珍惜——

生：时间。

师：珍惜——

生：生命。

师：这是从水的什么角度啊？

生：水的价值。

师：我们继续往下看，（指着学生在黑板上写下的"宽容"两字）你怎么想到宽容？

生：海纳百川，有容乃大。

师：这是从水的什么角度？

生：水的精神。

师：我们再往下走。（指着学生在黑板上写下的"屈原"两字）哦，你怎么想到屈原？这是谁想到的？

生：屈原他投汨罗江。

生：可以说明，水可以当作一些诗人的归宿，因为他没有别的选择。

师：请坐下。你是一个非常有创造力的女生。给文人指明一条方向——为了文学，我们今天一起去投江吧。你好幽默，你这联想好吗？（生笑）

师：屈原投江，我们还要从另外一个角度去想。

生：爱国。

师：爱国，水跟爱国怎么联系起来？

生：一般城池有护城河。

师：护城河。保护国家，我想起了一句话：水能载舟——

生：亦能覆舟。

师：这跟水有关，我还想起一句话：水至清则无鱼。我还想起一个词：水滴——

生：石穿。

师：这些都是跟水有关的什么？

生：名言。

师：当我们想到水的时候，还可以想到与水有关的名言，所以我们在联想的时候，要往这个方向走。

三、联想提质——联想有思辨

师：还有哪些啊？"顺境……逆境……"（指着黑板上的字），哪位同学想到的？

生：水可以往上，往下。往下顺流，可以比喻顺境。人如果在顺境下，他就会过得安乐一点，但是他就没有忧患的意识。如果它是逆流，就是逆境。就好像鱼洄游的时候，它就要逆流而上，然后它最终可以繁殖。所以人必须通过逆境，最终才能有所作为。

师：好，这是她的观点。人一定要经过逆境，才能有所作为。这句话我们看绝不绝对？如果我从来没经历过逆境，我顺境也成功了，好不好？谁能证明？

生：顺境中的成功是容易被打败的，因为他没有经历过磨难，没经历过挫折，然后他的人生是和平安静的，如果稍微有点逆境，他的人生就会垮掉，他的美好的人生就会垮掉。

师：好，这是你的观点。我们先不讨论这个问题。刚才说到低、高，这是从水的什么角度？

生：位置。

师：聪明，从水的位置来想。水的位置有逆境和顺境。刚才她说，顺境没经历过磨难，所以容易被打败。我觉得这是一个价值观的问题，逆境只是让我们干什么？

生：磨炼。

师：磨炼了我们的心智。顺境能干什么？让我们更加自信，做事更加有信心。那我们可以这么改，人生不是逆境越多越好，人如果在顺境之下，碰见了逆境，该怎么办？

生：勇于面对。

师：勇于面对！那么这样表达比刚才只有逆境才能让我们成功，哪个更好？这就是思维的辩证。说话要有逻辑，不那么绝对，明白吗？如果对我来说，我希望一辈子不要碰见困难，干什么我都能心想事成，该多好啊！比如你们考试，每次考试都是满分，咱们班的同学都是满分，多好啊！我希望我下一次考试考0分，换个逆境试一试，谁希望这样啊？下次考试考30分，你告诉自己，你会怎么说？

生：下次及格。

师：下次及格，对吧？虽然这次考了30分，但是让我更怎么样？

生：让我更有动力。

师：我的天哪！你是个怪才。虽然我考了30分，但是，失败是成功之母，我就是这样告慰自己的。她是一个十分喜欢勉励自己的女孩。（生笑）

师：从位置上来说，站得高，形成什么？高往下流，就形成了瀑布。说明什么来着？

生：人往高处走，水往低处流。

师：你们联想到人往高处走，水往低处流，是吧？我还可以联想，水往低处流说明什么？人生成了什么？

生：低谷。

师：可以想到人生会有低谷。还可以联想到什么？我不那么高昂，我要什么？

生：低调。

师：人生有低谷，人生需要低调。那么瀑布的美，是因为它在哪里才形成那种壮美？落差大，因为它站在哪里？

生：高处。

师：所以人生要干什么？

生：好高骛远。

师：好高骛远，是贬义词还是褒义词？

生：贬义词。

师：贬义词，我们联想可以从好的方向想，也可以从不好的方向想。这也是联想的辩证。我们再思考一下，瀑布形成壮美，是因为它站得高。那么人也像瀑布一样，如果要成就一番事业，必须站位——

生：高。

师：从贬义的角度上讲，看那个水掉下来，会摔成那个样子。所以想到什么？

生：一失足成千古恨。

师：你特别搞笑哈。再想一下。这不行，乖孩子，站这么高摔下来，说明——

生：站得高，摔得远。

师：我们站得高不一定摔得惨。从反向上来讲，站得高，就摔得重。位置高，不一定是好事情。水往低处流，人会经历低谷；人也可以学会低调。

师：我们刚才说水的状态、水的味道、水的作用、水的方向、水的精神、跟水有关的名言、水的位置，我们看水，它有没有形状？

生：有。

师：从水的形状，我们可以看出什么？

生：人生。

师：可以想到人生的什么？

生：千变万化。

师：人的千变万化。我们如果从褒义上讲，人要学会——

生：适应环境。

师：适应环境，这个词还可以更好一点。

生：善变。

师：善变是个中性词。我们用一个褒义词，人要随机应变，要变通。同时，不应该像水一样，墙头草，一边倒。水多变，易变，人生没有一个——

生：目标。

师：不仅是目标，还没有一个原则，对不对？人要像水一样，学会变通，这是好的方面。人不能像水一样，没有原则，没有底线，多变。你看，可以从一个方面，从好的方向想；也可以从另外一个方面，从坏的方向想。从水的状态、水的味道、水的作用、水的方向、水的精神、水的位置、水的形状、和水有关的成语，还可以从水的什么角度来想啊？

生：颜色。

师：水的颜色，你看，这个就是聪明。大家想一想水的颜色。水怎么有颜色了？

生：因为它经过很多东西以后，就变成五颜六色，就像阳光，它不是就有七色光吗？

师：水本来是无色的，居然有五颜六色？想到什么？

生：色素。

师：色素，文学乃什么？

生：人学。

师：水本来是无色的，居然可以变成五颜六色，可以不从多变，不从变通的角度想，从别的因素上面想。

生：改变。

师：改变自己。怎么能改变自己啊？

生：在不同的环境下改变自己。

师：不同的环境，因为它遇见红色，变成什么？

生：红色。

师：你要想变成红色，你必须变成什么？

生：颜料。

师：也就是说人的成长需要什么？

生：借助外界的因素，外界的力量。

师：水虽然可以变得五颜六色，但是水还是什么？本质怎么样？虽然我要借助外力，但是什么不变？

生：本色。

师：本色不变，我的本性——

生：不变。

师：文学乃什么？

生：人学。

师：我们看见万事万物，从什么角度去联想啊？

生：从状态、味道、作用、方向、精神、位置、形状、颜色。可以从正面想，还可以从反面想。

师：同学们，联想是让人变得聪明的思维，我们课后小练习，请写一篇文章，题目叫《"水"的联想》。下课，同学们。

附·听课评析

"我善养吾浩然之气"

"水者,何也?万物之本原也,诸生之宗室也。"(《管子·水地》)水是中华民族璀璨精神篇章中的一个厚重的话题,古往今来人们凝望着水,挖掘着文学的泉眼和思想的深井。在湖南省蓝山县2019年"五多课堂"研讨暨吴春来老师语文课堂教学观摩活动中,一次对水的创作和欣赏,蕴含着、表现着人生的审视,观课者凝望着水,也凝望着自身禀性的深度。

"我善养吾浩然之气"!吴老师紧紧握住"文学乃人学"的犁铧,以灵慧的言辞、敏捷的才思、深微的论辩、真切的情感疏浚着课堂的脉流。这是一场"文以载道"的情理交会,整个课堂感性而有内涵,奔放而有节制;这是一次"思接千载,视通万里"的逻辑认识,吴老师导引着学生在个体感性的体悟中去探询、领会、把握思辨的智慧,课堂里,处处洋溢着学生想象的无羁、活力的张扬、意绪的狂放、情感的高昂;同时,它还是一次个体生命的心理建构,吴老师立足于生活,强调学以致用,"教育即生活",以解决学生问题为教学逻辑起点,以教者个体人格的深沉炽烈和审美情愫的飘逸灵动,启示着学生在人事阅历和生活洗礼中,搭建完善的心理人格结构。

一、"天地有大美而不言"——人格的锤炼

作文课,在一定程度上也是人格锤炼课,让学生用文学的方式走向真善美。"风乍起,吹皱一池春水。"当学生们在黑板上写满了有关水的联想,外在的客体之水正与学生内在的情感相互渗透,相互交融。这正是吴老师的"五多课堂"的期许:多到学生中去,多让学生提问,多让学生讨论,多让学生思考,多让学生展示。本课最大的亮点是:学生充分展示自己的思考,老师及时点拨学生的联想。无论是学生对"水是有限的,人的生命也是有限的,我们应该和水一样,在有限的生命中,体现自己无限的价值"的领悟,还是对"水无私养育万物"的奉献的赞美,还是"逝者如斯夫,不舍昼夜"的喟叹,都是一次精神的丰盈和人格的锤炼。吴老师引导着学生溯寻中国文化的源头。水让人辨得失,明是非,识忧患,知进退,既有安时顺化、乐天

知命的柔和，又有中流砥柱、逆流狂澜的刚毅。课堂的要旨，需要回归到人格的本质上。只有人格才能影响人格，只有人格才能形成人格。吴老师激起的水的涟漪里，刚毅与柔和，空灵与超脱，都是高昂而激越的格调，都是风骨的彰显，都是人格的铸造。

二、"上善若水，水善利万物而不争"——人生的领悟

"风行水上，自然成纹"，自然的妙处如此，文章的妙处亦如此。教师不仅雕塑自我，还呵护着学生眼里全部的世界。吴老师导引着学生观古今于顷臾，抚四海于一瞬，把大地之水转化为神话。想象的丰富多彩、浪漫不羁，语言的个性鲜明、摇曳多姿，情感的炽烈顽强、高昂执著，一群孩子在人生的领悟中勃发成长。

"圣人不凝滞于物，而能与世推移。"水蕴含着"温而能厉，威而不猛，恭而能安"的处世哲学，如水之人既寄情自然却未忘怀世事，猛志常在但又悠然南山。"人生如茶，越品越香"，虽经磨难而其志弥坚；"不积跬步，无以至千里"，既有积累的执著，也有坚守的方向；不惧逆境，亦不拒顺境；"水往低处流，人会经历低谷；人也可以学会低调"，善借于物而本色不变……至大若水，海纳百川；至刚如水，载舟覆舟；至性若水，纵横江海；至柔如水，滴水石穿；至情如水，奔涌万里，滋润天地生灵。

妙悟流转，金句频出，一股浩然至大之气，充沛于课堂，此时，水是宇宙的启示、精神的风标、人生的境界、"生成"的本体。

三、"欲流之远者，必浚其泉源"——思维的构建

吴春来老师创建的"五多课堂"是等待学生思考的课堂，是尊重学情的课堂，是有书香底蕴的课堂，更是有思维拓展的课堂，是以实现学生学习权利为目的的课堂。

如何让学生既有漫想的自由，又有逻辑的严谨？《周易》说："天下之至动而不可乱也。"（《易·系辞上》）对此，李泽厚先生在《美学三书》中认为，"'至动而不可乱'，即是在各种运动变化中，在种种杂乱对立中，在相摩相荡中，仍然保持着自身的秩序。它不求凝固的、不变的永恒，而求动态的平衡、杂多中的和谐、自然与人的相对应一致。"保持自身的秩序，保持普遍

的规律认识，保持辩证的理性认知，从现象到本质，于灵动的联想中注重逻辑思维的构建，是课堂的又一艺术呈现。

　　水的状态、水的味道、水的作用、水的方向、水的精神、水的位置、水的形状、跟水有关的成语……学生充分地自由联想。吴老师也强调辩证的联想，当学生说"人必须通过逆境，最终才能有所作为"，种种思维陷入瓶颈流于片面时，吴老师以学生的日常生活为例，理清逆境与顺境的辩证关系，又援引飞湍瀑流的壮丽雄奇通过坠落来表现的例子，阐释人生高位与低谷、处境通达高昂与低调谦逊的选择。"我们站得高不一定摔得惨。从反向上来讲，站得高，就摔得重。位置高，不一定是好事情。水往低处流，人会经历低谷；人也可以学会低调。"有一种人生，何其不是飞湍瀑流？阻之险峻正可荡击酣畅，行之曲折方显柔韧执著，潜之深邃以见天高气迥。纵使坠落成一汪深潭，也并不以奔涌大海为归宿，正如沙漠中的内流河，极其艰难地在沙漠中行走，未能归依大海也无妨，滋润干涸勃发生机才是自己的责任。其生命的姿态也不以追求高大为目的，坚韧、纯净才是岁月荡涤的神韵。

　　"我善养吾浩然之气"！观吴春来老师的课，迎面而来的是浩瀚的正气，广博的才气，丰沛的血气，刚直的骨气，高昂的大气。咀嚼，回味，音律协之，情韵伏之，义理潜之。（湖南省宁远县第一中学　李苏芳）

主要参考文献

1. 胡明道. 胡明道讲语文 [M]. 北京：语文出版社，2007.

2. 严华银. 严华银讲语文 [M]. 北京：语文出版社，2008.

3. [加] 马克斯·范梅南. 教学机智——教育智慧的意蕴 [M]. 李树英，译. 北京：教育科学出版社，2001.

4. 王晞，等. 课堂教学技能 [M]. 福州：福建教育出版社，2008.

5. [美] Jack Snowman，Rick McCown. 教学中的心理学 [M]. 庞维国，等，译. 上海：华东师范大学出版社，2019.

6. 吴春来. 发现语文 [M]. 北京：语文出版社，2018.

7. [法] 丹纳. 艺术哲学 [M]. 傅雷，译. 南京：江苏凤凰文艺出版社，2018.

8. [美] 帕克·帕尔默. 教学勇气 [M]. 吴国珍，等，译. 上海：华东师范大学出版社，2005.

9. 窦桂梅. 窦桂梅与主题教学 [M]. 北京：北京师范大学出版社，2006.

10. [瑞士] 皮亚杰. 皮亚杰教育论著选 [M]. 卢濬选，译. 北京：人民教育出版社，2015.

11. [德] 康德. 康德论教育 [M]. 李其龙，彭正梅，译. 北京：人民教育出版社，2015.

12. 周小蓬. 语文课堂教学技能训练教程 [M]. 北京：北京大学出版社，2010.

13. [英] 怀特海. 教育的目的 [M]. 庄莲平，王立中，译. 上海：文汇出版社，2012.

14. 陈隆升.语文课堂"学情视角"重构[M].上海：上海教育出版社，2012.

15. 潘新和.语文：表现与存在[M].福州：福建人民出版社，2004.

16. 叶圣陶.叶圣陶语文教育论集[M].北京：教育科学出版社，2015.

17. 王尚文.走进语文教学之门[M].上海：上海教育出版社，2007.

18. 吕叔湘.吕叔湘全集[M].沈阳：辽宁教育出版社，2002.

19. [德]黑格尔.精神现象学[M].贺麟，王玖兴，译.上海：上海人民出版社，2013.

20. [德]黑格尔.小逻辑[M].贺麟，译.上海：上海人民出版社，2008.

21. [美]布鲁纳.布鲁纳教育论著选[M].邵瑞珍，张渭城，等，译.北京：人民教育出版社，2018.

22. [英]约翰·洛克.教育漫话[M].杨汉麟，译.北京：人民教育出版社，2006.

23. 施茂枝.多维视野下的语文教育[M].福州：福建教育出版社，2007.

24. [加]大卫·R·奥尔森.杰罗姆·布鲁纳[M].袁锡江，李慧明，译.哈尔滨：黑龙江教育出版社，2017.

25. [意]蒙台梭利.蒙台梭利文集[M].田时纲，译.北京：人民出版社，2014.

26. [日]佐藤学.教师的挑战：宁静的课堂革命[M].钟启泉，陈静静，译.上海：华东师范大学出版社，2012.

27. 于漪.于漪与教育教学求索[M].北京：北京师范大学出版社，2011.

28. 李德顺.走近哲学——练就发现的眼睛[M].北京：中国政法大学出版社，2013.

29. 谢晨，胡惠闵.学情分析中"学情"的理解[J].全球教育展望，2015（2）.

30. 王世伟.课程调适论纲[J].教师教育研究，2012（2）.

31. 王尚文."语文品质"笔记[J].中学语文教学，2017（1）.

后记

2016年8月,我应邀参加全国真语文活动,有幸与上海著名特级教师贾志敏先生在天津一同评课。听完一位老师的课后,贾老师悄悄地跟我说:"春来,语文教学也是一门技能活儿,要想上好语文课得修炼修炼这功夫!"对此,我深有感触,便趁机向他请教了有关教学技能的不少问题。那次对话,萌发了我写作教学技能一书的想法。

也许是机缘巧合,我的想法不久就有了得以付诸实施的机会。

2019年下学期,我被湖南科技学院聘为人文与社会科学学院汉语言文学专业"语文教学论"课程的专任教师。执教前夕,我跟潘雁飞院长建议可以讲授"语文教学技能"的课程,他欣然同意了我的想法。后来我到执教的汉语言文学1702班调研,学生们也想听听语文教学的相关技能，他们说理论以后可以慢慢自学，但能听到有丰富经验的老师讲授专门的技能课却很难得。有了他们的支持，我对开设"语文教学技能"这门课程的信心更足了。

犹记得我给学生们上《教学气质》一课时，他们一一上台展示的情景：抬头挺胸，眼观前方，面带微笑，声音洪亮，抑扬顿挫，还真有教师范儿。每一次授课，他们几乎都积极参与，从他们求学的眼神里，我看到了希望。2019年下学期最后一节课，我带班上的刘雨璇、张兰两位同学在永州市柳子中学上展示课《在山的那边》，她们初试锋芒便得到了与会老师的一致赞扬。她们的成功展示证明了课程的意义：技能是可以教的，也是可以用的。同样值得欣慰的是，去年在参加湖南省第二批教师培训师培训暨清华大学研修活动中，我汇报的"一体两翼"语文教学体系被专家考核组评为优秀，专家们认为"一体两翼"语文教学体系可复制、好运用。

"知者行之始，行者知之成。"由于我有高中语文教师、中学语文教研员的工作经历，也有小学语文教研经历，还有担任乡村一所九年一贯制学校第一校长的经历，所以我有了打通语文教学学段的优势；正是因为这份不同寻常的经历，我对语文教学有了不一样的认识与研究。近20年的教学与教研经历，让我对教学技能有了自己的理解并能传授给我的学生，幸甚至哉。2019年12月13日，湖南省蓝山县教育局举办"五多课堂"研讨暨吴春来老师语文课堂教学观摩活动，我执教了小学、初中、高中三个不同学段的课。永州市教育局党组成员、主任督学杨兰荣先生亲临现场，全县近400名中小学语文教师参加观摩活动，课堂引发强烈反响。这也是我为何提出"教学作品"这一概念的原因。作为教师，我们一定要做艺术的学者，努力与学生一起创作教学作品。

2020年寒假，我几乎足不出户，对讲义进行系统的增删，整理成册，并取名《语文教学技能九讲》。吕叔湘先生曾说，如果说一种教学法是一把钥匙，那么，在各种教学法上还有一把总钥匙，它的名字叫作"活"。但愿

《语文教学技能九讲》能给广大一线教师带去些许思考，也能给在校的师范大学生们带去新的启示，更能给大家带去一把叫"活"的总钥匙。

在本书撰写过程中，我参阅了大量的文献资料，在此，我对文献作者表示深深的谢忱。衷心感谢王鹏伟先生拨冗作序，也衷心感谢大夏书系编辑卢风保先生对我的鼓励和支持，感谢"春来咏语"教研团队的苏芳、琴华、淑玲、文惠、春勇等老师在课堂摄像、教学实录整理上付出的努力。由于水平有限，本书一定存在不足之处，敬请各位同行专家与读者批评指正。

吴春来

2020年3月7日